사람에게서
편안해지는
심리학

사람에게서
편안해지는
심리학

미즈시마 히로코 지음 · 김진연 옮김

좋은날들

어쩌면 사람이
가장 힘들었을 당신에게

세상에서 어울려 살아가는 한 누구에게나 마음이 불편하고, 그래서 상처가 되기도 하는 사람들이 있습니다.

허구한 날 신경 거슬리는 소리를 하는 사람,

상대를 얕잡아 보는 사람,

갑자기 감정적으로 돌변하는 사람,

무슨 생각을 하는지 도무지 갈피를 잡기 어려운 사람,

세상살이의 상식이 통하지 않는 사람,

자꾸 나를 피하는 것만 같은 사람,

믿음이 가지 않아 마음을 쉽사리 드러내지 못할 사람,

혹은 딱히 이유가 없는데 '왠지 불편한' 사람도 있을 테지요.

가까이에 불편한 사람이 있으면 참 신경이 쓰입니다. 늘 얼굴을 마주해야 하는 관계라면 더욱 그렇습니다.

그가 옆에 있는 것만으로도 긴장되거나 기분이 우울해집니다. 업무상 말을 주고받아야 하는 관계이지만, 의사를 제대로 표현하는 일조차 여의치 않을 때도 있습니다.

뒤에서 자세히 다룰 텐데, 불편한 사람의 존재는 그와의 관계가 어색하거나 내 마음이 주눅 드는 정도에서 끝나지 않습니다.

그 사람이 있는 공간이 불편하고, 그 사람이 속한 그룹과의 인간관계마저 거북해지는 등 불편함의 범위가 점점 확대되어 간다는 게 하나의 특징이지요.

그 결과 우리 마음을 더욱 힘들게 하고, 하루가 멀다 하고 삶의 질을 야금야금 떨어뜨리기까지 합니다.

이 책에서는 그처럼 마음을 불편하게 만드는 사람들의 다양한 패턴과 대처 방안을 다루게 됩니다. 이를 통해 마음이 불편하다는 것의 본질을 이해하고, 그런 사람들에게 휘둘리거나 상처 받지 않고 편안히 지내는 방법을 알려드리겠습니다.

저는 '대인관계 치료'라는 정신요법(우울증 등에 효과가 있다는 사실이 과학적으로 실증된 치료법)을 전문으로 하는 정신과 의사입니다.

수많은 환자를 진료하며 인간관계가 사람을 병들게 할 만큼 큰 스트레스를 초래하지만, 그 관계를 잘 다루면 병이 낫는 힘을 발휘하기도 한다는 사실을 줄곧 경험해 왔습니다.

어떻게 그 같은 효과가 가능한 걸까요?

인간관계를 잘 다루게 되면 특정인과의 관계에서 오는 스트레스가 사라질 뿐 아니라, 무엇보다 '나 자신에게는 힘이 있다.'라는 감각이 몸에 배기 때문입니다.

우리에게는 당당하게 살아갈 힘이 있습니다.

이는 내가 대인관계에 마냥 휘둘리기만 하는 무력한 존재가 아니라, 나답게 살아가기 위해 상황을 근본적으로 개선할 힘이 있다는 의미입니다. 그를 위해 다른 사람의 힘을 빌릴 수 있고, 상황이 크게 바뀌지 않더라도 '뭐, 그래도 괜찮아.'라며 쿨하게 받아들이는 것도 가능합니다.

이 책은 그 같은 효과를 목표로 합니다. 마음이 불편한 사람들과 잘 지낼 수 있는 요령을 알면 주변 이들과의 관계가 한결 편안해질 것입니다. 나아가서 '나 자신에게는 힘이 있다.'라는 감각마저 찾아내기를 바라는 마음으로 책을 썼습니다.

문밖을 나서면 내 마음을 불편하게 만드는 사람들이 적지 않습니다. 어쩌면 세상의 수많은 것들 중에 사람이 가장 힘든 존재로 여겨지는 분들도 없지 않을 것입니다.

'저 사람만 없었으면.' 하고 꽤나 불편한 누군가를 선명하게 떠올리는 당신, 그 정도까지는 아니라도 좀 더 편안하고 느긋한 인간관계를 바라는 당신…….

그런 분들에게 이 책이 위안이 되고, 삶의 실질적인 도움이 될 수 있기를 진심으로 바랍니다.

미즈시마 히로코

STEP 2

불편한 마음을 떨쳐버리는 비결

– 일단 이대로도 괜찮다고 받아들인다

STEP 3

지금의 불편한 감정이 진짜일까?

– 어떤 일이든 처음에는 불편한 마음이 든다

STEP 4
싫은 감정이 사라지는 '스루 능력' 활용법

– 단정 짓지 않으면 화도 나지 않는다

STEP 5
불편한 상대와 거리를 두는 요령
– 서로의 영역을 지키면 잘 지낼 수 있다

STEP 6

사람들을 내 편으로 바꾸는 기술

– 모두가 나를 편안하게 느끼게 하려면

불편한 사람에게
인생을 휘둘리지 않으려면

– 편안하고 자유롭게 살아가기 위한 힌트 –

다른 사람의 사정으로

내 마음이 상처 받아야 할

이유는 없습니다.

불편 의식이
삶을 더욱 힘들게 한다

'불편한 사람'이라고 뭉뚱그려 표현하지만, 여기에는 다양한 부류가 있습니다.

직장 상사, 업무상 지인, 같은 부서 후배, 함께 사는 시어머니처럼 특정 인물이 불편한 경우가 있는가 하면 강압적인 사람, 사고방식이 늘 부정적인 사람, 무슨 생각을 하는지 도통 속을 알 수 없는 사람처럼 ○○한 타입이 불편한 경우도 있지요.

또는 '남자친구가 가게 직원에게 거만하게 대할 때 불편하다.', '쓸데없는 걱정을 사서 하는 엄마의 성격이 싫다.'처럼 상대방의 ○○한 점이 영 불편하게 느껴질 때도 있습니다.

당연히, 누군가에 대해 불편함을 느끼는 것 자체는 스트레스입니다. 그런 상대를 대할 때마다 나도 모르게 긴장하거나 초조해지는 경험을 한 적이 있을 것입니다.

그렇게 불편한 사람과의 만남이 꺼려질 뿐 아니라, 그 상대방을 불편하게 여기는 나 자신이 마음에 안 들어 스트레스를 받는 경우도 있습니다.

그런데 누군가가 불편한 문제는 이게 다가 아닙니다.

불편 의식은 스트레스에 그치지 않는다

'불편한 사람이 있는 자리에는 가고 싶지 않아.'라는 마음이 들 것입니다. 아니면 누군가의 불편한 행동이 보기 싫어서 아예 모임 자체를 그만두고 싶었던 적도 있을 테지요.

이 또한 '불편 의식'의 큰 문제점이라고 할 수 있습니다. 즉, 불편한 마음이 초래하는 부정적인 영향의 본질은 이것입니다.

불편한 감정은 그 자체로 스트레스를 가져올 뿐 아니라 우리를 자유롭지 못한 존재로 만듭니다.

'불편한 사람이 한 명 있다.'라는 사실은 애당초 그 한 사람에게만 해당하는 현상입니다. 하지만 때로는 그가 있는 공간 전체를 불편하게 만들어 버리는 힘을 발휘하곤 합니다.

예컨대 다 같이 한잔하러 가자는 이야기가 나왔을 때 평소 불편하게 여기는 사람의 참석 여부를 보고서 갈지 말지를 결정해야지, 라고 생각하는 일이 있지요?

한잔하러 갈지 말지를 결정하는 자유가 불편하게 여기는 사람의 존재 때문에 제한받는 상황이라고 할 수 있습니다.

이처럼 다양한 형태로 내 삶의 자유를 빼앗아 간다는 게 불편 의식의 진짜 큰 문제입니다.

불편한 사람 탓에 하고 싶은 일을 못 하는 경우도 있습니다.

단 한 명의 불편한 존재 때문에, 그 사람 외에는 아무 문제없는 회사를 그만둘 수밖에 없는 상황이 그렇습니다.

불편한 사람이 내게서 얼마나 가까운 거리에 있는지, 또 그가 얼마나 피하기 어려운 관계인지도 중요합니다만, 결국 사람 때문에 사는 게 더욱 힘들어지는 셈입니다.

만약 내가 가장 힘들어하는 타입의 사람이 직속 상사로 온다면 아마 하루하루가 가시방석일 테지요.

이쯤이면 그야말로 '사는 게 괴롭고 힘들어!'라는 말이 절로 나오지 않을까요? 세상에는 자기를 낳아준 부모님이 가장 불편하다는 사람도 의외로 있으니까요.

하지만 이런 일들은 내가 불러온 게 아닙니다. 다른 사람의 사
정으로 내 마음이 상처 받아야 할 이유는 없습니다.

사람이 우리를 편안하게 하고, 또 불편하게도 합니다. 한때의 불
편한 마음은 그를 더는 볼 일이 없게 된 후에도 줄곧 내 마음속 상
처로 남기도 하지요.
누군가에게 상처 받는 마음을 그냥 두지 않기 바랍니다.
내 안의 괜한 불편 의식을 없애고, 그래도 여전히 불편한 사람들
이 있다면 그들과 잘 지내는 요령을 익힘으로써 세상살이는 한결
편안해지고 자유로워질 것입니다.

불편한 사람의 존재는 다른 이들과의 관계에도 영향을 미칩니다. 내게는 너무 불편한 사람인데, 나와 가까운 누군가는 딱히 그를 불편해하지 않아 함께 어울려야 할 때가 있습니다.

이런 상황에서는 좀처럼 마음 편히 즐길 수 없습니다.

게다가 이로 인해 스트레스받는 일이 늘어나면 '나는 왜 이렇게 속이 좁은 거지!'라며 자신을 책망할지 모릅니다. 불편한 마음을 공유하지 못하는 상대에게 화가 나기도 하고요.

그렇다고 '나는 저 사람이 불편하니까 빼고 만나자.'라는 말을 꺼내기도 여간해서는 어렵습니다. 어색하고 불편한 상황을 개선하기가 쉽지 않은 거지요.

불편한 사람의 존재는 단순히 '대하기 어려운 이가 한 명 있다.'라는 의미를 넘어 우리 삶 전반에 부정적인 영향을 미칩니다.

그 사람을 마주한다는 것 자체가 스트레스일 뿐 아니라, 그를 피하고 싶은 마음이 갖가지 제약을 만듭니다. 사회생활과 인생의 가능성이 좁아지니까, 또 여기서 스트레스를 받습니다.

사람에게서 편안하고 자유로운 삶

불편 의식에서 벗어나는 일은 결코 어렵지 않습니다.

책에서는 불편한 마음의 실체를 살피며 '사람에게서 편안해지는' 방법을 알려드리는데, 이를 통해 지금 불편하게 느껴지는 사람들 상당수가 더는 불편하지 않게 될 것입니다. 즉, 불편한 사람의 수가 확연히 줄어듭니다.

다만 사람은 누구도 완벽하지 않기에 책을 다 읽고 나서도 여전히 불편한 누군가가 남아 있을지 모릅니다. 사람 사이에는 궁합 같은 것도 있으니까요.

하지만 그들 역시 마음 편히 대하게 될 뿐 아니라, 사람들이 나를 편안하게 느끼게 해 내 편으로 만드는 것도 가능합니다. 막연히 '저 사람은 불편해.'라고 느끼며 상처 받던 때와는 달리 보다 자유롭고 진취적인 삶을 실감하게 되는 것이지요.

이를 위해 1단계부터 차근차근 읽어 주시기 바랍니다.

이 책의 구성과 효용
인간관계가 편안해지는 6단계

STEP 1

불편한 마음의 본질을 이해한다.

STEP 2

지금 있는 불편 의식이 작아진다.

STEP 3

실은 불편하지 않았다는 사실을 깨닫는다.

STEP 4

불편한 사람이 더는 신경 쓰이지 않는다.

STEP 5

싫은 사람들과 잘 지내는 요령을 안다.

STEP 6

사람들을 내 편으로 만든다.

나는 왜
그 사람이 불편할까?

－ 이유는 컨트롤할 수 없다는 마음 때문 －

누군가가 불편하게 느껴지는
진짜 이유는 무엇일까요?
그것은 바로 내가
'컨트롤할 수 없다는 느낌' 때문입니다.

불편한 마음은
이렇게 생겨난다

"나는 그가 불편하고 힘들어."

"저 사람의 ○○한 점이 너무 짜증 나."

우리는 이처럼 다양한 형태로 다른 사람에 대해 불편 의식을 느끼며 살아갑니다.

불편하다는 느낌은 각양각색입니다. '늘 싫은 소리를 한다.', '맨날 일을 억지로 떠넘긴다.'처럼 실제로 내게 해를 끼치는 불편함이 있는가 하면 '늘 긴장해야 하니까 불편하다', '패션 취향이 너무 다르다.' 같은 불편함도 있습니다. 논리적으로 설명할 수는 없지만, 왠지 모르게 불편한 마음이 들 때처럼 이유가 분명하지 않은 불편 의식도 있습니다.

이렇듯 다양한 상황에서 느끼는 불편한 감정의 정체는 도대체

뭘까요? 아마도 깊이 생각해 보지는 않았을 것입니다.

이 책의 목표는 불편한 사람들에게서 마음이 편안해지는 등 대인관계에 도움을 드리는 데 있습니다. 이를 위해 1단계에서는 '불편한 마음'의 정체를 먼저 알아보겠습니다. 무슨 일이든 실체를 모르면 대책을 세울 수도 없으니까요.

술에 취한 사람이 불편한 이유는?

술에 취해 상대를 불편하게 하는 경우를 통해 불편 의식의 본질을 살펴보겠습니다.

술에 취한 사람은 그의 어떤 점이 다른 이들을 불편하게 만드는 것일까요?

집요하다, 괜한 트집을 잡는다, 주위에 폐를 끼치고 있다는 사실을 모른다, 술 냄새가 심하다, 지나치게 친한 척한다, 싫다는 눈치를 줘도 신경 쓰지 않는다, 말의 앞뒤가 맞지 않고 제멋대로 단정 짓는 바람에 이성적인 대화가 안 된다, 말과 행동이 점점 거칠어져서는 언제 폭발할지 알 수 없다……

이렇게 말하면 주위의 누군가가 떠오를지도 모르겠습니다만, 술에 취한 사람에게는 정말이지 불편한 요소가 잔뜩 있습니다.

이런 사람을 주위에서 불편하게 느끼는 진짜 이유는 무엇일까요? 그것은 바로 '컨트롤할 수 없다는 느낌' 때문입니다.

상대방의 집요함을 컨트롤할 수 없다.

상식적이고 이성적으로 대화를 컨트롤할 수 없다.

아무래도 술 냄새가 나니까, 이를 컨트롤할 수 없다.

상대와의 거리감을 컨트롤할 수 없다.

싫다는 눈치를 줘도 그의 말과 행동을 컨트롤할 수 없다.

아무리 설명해도 납득하려고 하지 않는다.

요컨대, 상대에게 내 쪽의 말이나 입장, 상황을 이해하게끔 컨트롤할 수 없다.

이처럼 상대방의 말이나 행동, 주변 상황을 컨트롤할 수 없다는 느낌이 불편한 마음으로 이어지는 것입니다.

불편 의식은 상대를 컨트롤할 수 없다는 느낌에서 생겨납니다.

이는 술에 취해 주정을 부리는 사람뿐 아니라 모든 '불편함이 느껴지는 패턴'의 공통점입니다.

술을 마시지 않아 정신이 멀쩡한데도 말이 전혀 안 통할 때나, 누군가의 일방적인 말과 행동이 내 마음에 상처가 되는 상황도 마찬가지라는 것이지요.

불편한 마음이 드는 이유는 사람에 따라 다양합니다. 하지만 속 내를 들여다보면 어떤 경우든 불편함의 본질은 내가 '컨트롤할 수 없다는 느낌'에 있습니다. 반대로, 사람에게서 편안해지는 요령 또한 컨트롤 감각을 익히는 게 핵심이고요.

그러면 여러 '불편한 사람' 유형에서 우리가 어떤 부분을 어떻게 컨트롤할 수 없는지에 대해 먼저 살펴보겠습니다.

그들은 무턱대고 내 영역을 침범하거나, 상식이 통하지 않거나, 의존심이 너무 강하거나, 도무지 대화가 안 되는 등의 이유로 우리 마음을 심히 불편하게 합니다.

내 마음처럼 되지 않으니까

불편하고 싫어진다

제멋대로 단정 지으니까 화가 나요
영역을 침범해 오는 사람 ①

불편한 이유 | "너는 이런 거 안 좋아하잖아?"처럼 제멋대로 나를 단정 짓는 사람이 싫다.

상대방이 "넌 ○○잖아, 맞지!?"라며 나에 대해 제멋대로 넘겨 짚으면 불쾌하게 느껴질 때가 있지요. 그런데 왜 불쾌해지는 걸까요? 이는 '영역' 문제와 관련이 있습니다.

사람에게는 저마다 본인만이 아는 '영역'이 있습니다.

자신이 가지고 태어난 것, 자라난 환경, 주위 사람들, 여태의 경험, 최근의 스트레스, 오늘의 기분……. 이렇듯 우리는 본인 외에는 모르는 '영역' 속에서 하루하루를 살아갑니다. 뭔가를 좋아하고 싫어하는 기준 또한 그 영역 안에 존재하지요.

그런데 자신밖에 모르는 영역 내의 일을 다른 사람이 제멋대로 단정 짓는다면 이는 '영역 침범'이라고 할 수 있습니다.

즉, 누군가가 "넌 ○○잖아, 맞지!?"라고 단정 지을 때 "그건 내가 결정할 일이잖아?"라는 반응은 그야말로 영역을 침범당했을 때 느껴지는 '여기서 당장 나가!' 같은 저항감입니다.

영역 침범에는 두 가지 폭력이 숨어 있습니다.

저항감 때문이 아니더라도 누가 내 영역에 들어와 이러쿵저러쿵 참견하면 대개는 상처를 받습니다. 자신의 영역에는 민감한 요소도 많이 있으니까요. 서로의 영역을 존중하며 이성적인 교류를 해나가는 게 어른들의 관계이지요. 그럼에도 상대의 영역을 존중하지 않고 성큼성큼 끼어들어 뭔가를 단정 짓는 일은 상당히 배려심이 부족한 대화 습관입니다.

요컨대, 제멋대로 단정 짓는 영역 침범에는 선을 넘어 끼어드는 '형태에 의한 폭력'과 상대의 마음에 상처를 주는 '내용에 의한 폭력', 이 두 가지 폭력이 존재한다고 할 수 있습니다.

내 생각을 강요하는 데 질렸어요
영역을 침범해 오는 사람 ②

불편한 이유 ㅣ "나는 참고 있으니까 너도 좀 참아!"라며 인내를 강요하는 남자친구에게 질렸다.

이 또한 영역 침범입니다. 무엇을, 어느 선까지 참을지는 어디까지나 '내(남자친구)'가 아닌 '너(여자친구)'의 영역이니까요.

그런데 '너도 좀 참아!'라는 것은 분명 영역이라는 개념이 없는 사람, 다시 말해 자신과 타인 사이에 경계선을 긋지 못하는 상태라고 할 수 있습니다.

특히 이 사례에서는 '나는 참고 있으니까.'라는 이유가 붙는 시점에 이미 남자친구가 본인 영역조차 제대로 자각하지 못한다는 사실을 드러내고 있습니다.

나의 인내는 누가 지시해서가 아니라 내 의사에 따르는 것입니

참을지 말지는 네가 아닌

나의 영역이니까

다. 따라서 참을지 말지는 본인 영역에서 판단해야지요. 내가 인내하는 것과 다른 사람에게 인내를 강요하는 것, 즉 타인의 영역에 끼어드는 일은 별개의 문제입니다.

자기 영역도 타인의 영역도 모른다

다른 사람의 영역을 존중하지 않는 사람은 대개 자기 영역도 책임지지 못하는 경우가 많습니다.

애당초 자신의 영역 내에서 자기 뜻으로 하는 일인데, 그는 남들 때문에 어쩔 수 없이 한다고 여기곤 합니다.

더욱이 본인의 영역 내에서 일어나는 일은 직접 말해 주지 않는 이상 상대방이 알 도리가 없습니다. 그런데도 마치 "표정을 보면 모르겠어?", "평소에 신경 좀 써."라며 자기 마음을 읽어 주지 않는 상대방 탓으로 돌리는 데 익숙합니다.

이렇듯 서로의 경계선을 자각하지 못하는 사람은 상대에게 끊임없이 스트레스를 줍니다.

물론 상대방이 그의 마음을 100퍼센트 읽어 주는 일은 불가능합니다. 그 결과 "○○ 씨는 사람이 차가워.", "△△ 씨는 분위기 파악을 잘 못하네."라며 상대에게 불만을 가지기 때문에 본인 또한 스트레스를 받습니다.

계속 당하기만 하니까 불편해진다

여기까지는 '이런 사람에게서 스트레스를 받는다.'라는 이야기인데, 사람은 정말 다양한 상황에서 주변의 다른 이들 때문에 스트레스를 받습니다. 그런데,

이러한 스트레스가 '저 사람 불편해!'라는 감정으로 발전해 나가는 경우는 단지 영역을 침범당했을 뿐 아니라, 여기에 자신이 제대로 컨트롤할 수 없다는 요소가 더해질 때입니다.

예를 들어 상대가 "넌 이런 거 싫어하잖아, 맞지!?"라며 단정 지어도 "또 제멋대로 넘겨짚고 그래. 안 싫어하거든!'이라고 웃으며 흘려버릴 수도 있습니다.

제멋대로 넘겨짚거나 단정 짓는 상대는 분명 성가신 존재입니다. 하지만 '뭐, 또 함부로 말하겠지만, 되받아치면 바로 조용해지니까.'라는 식으로 생각하면 그럭저럭 대처할 수 있습니다. 그리고 이렇게 상황을 컨트롤할 수 있으면 '불편함'이라는 강렬한 감정은

생겨나지 않습니다. 내가 일방적으로 참견당하고만 있지는 않은 상황이라서 그렇습니다.

"너도 좀 참아."라고 말하는 사람에게도 마찬가지입니다.

"자기중심적인 건 여전하네. 이제 좀 어른스럽게 처신해!"

이렇게 말해줄 수 있는 관계라면 "한 번만 더 철없는 소리 하면 가만 안 둘 거야!"라는 식으로 의연하게 대처할 수 있겠지요. 그러면 그가 불편하게 느껴질 일은 없습니다.

불편 의식은 단순히 상대의 영역 침범 때문이 아니라 '그 침범 행위를 컨트롤할 수 없다.'라는 감각이 만들어 냅니다. 상황을 내가 컨트롤하는 한 마음은 불편해지지 않습니다.

걸핏하면 의지하려고 하니까 싫어요
의존심이 너무 강한 사람

불편한 이유 | "이거 어떻게 하면 돼요?"라며 스스로 생각하지 않고 걸핏하면 물어보는 후배와 같이 일하기 싫다.

의존심이 강한 상대방을 불편하게 느끼는 사람도 많은 듯합니다. 이 또한 문제의 본질은 상대의 영역 침범을 컨트롤하지 못한다는 데 있습니다.

이는 "너는 말이지……."라며 제멋대로 단정 짓는 타입과는 좀 다릅니다. 그래서 영역 침범이라고 하면 긴가민가할지도 모르겠습니다만, 역시 마찬가지입니다.

자기 머리로 생각하는 대신에 여하튼 질문부터 하고 보자는 후배는 애당초 본인 스스로 고민해야 할 문제를 다른 사람에게 억지로 떠넘기고 있기 때문입니다.

물론 후배를 도와주는 것 자체는 아무 문제가 안 되고, 후배를 대신해 무언가를 생각해 주는 것도 좋습니다.

하지만 이는 후배가 아니라 어디까지나 이쪽(선배)이 '자기 영역' 안에서 결정할 문제입니다.

"이거 어떻게 하면 돼요?"라고 걸핏하면 물어 오는 후배는 그를 도와줄지 말지, 후배를 대신해 생각해 줄지 말지, 언제 도움의 손길을 내밀지에 대한 선택의 여지를 선배의 영역에서 빼앗아 가고 있는 셈입니다.

주변의 누군가가 마냥 의지해올 때 뭔가에 짓눌리는 듯한 느낌을 받는 것은 옴짝달싹할 수 없는 속박감 때문입니다. 이 역시 영역을 침범하고 있는 것입니다.

불편한 이유 | "나 좀 거기에 데려가 줘.", "나 이제 어떡하면 좋지?"라며 늘 의지하려는 친구 때문에 짜증 난다.

아마 이 정도라면 누군가의 의존에 따른 속박감, 짜증이 쉽게 이해될 것 같습니다.

상대방이 허구한 날 이런 태도를 보인다면 "네가 알아서 가!",

"직접 생각해 보면 되잖아?"라는 식으로 쏘아붙이고 싶어질 테지요. 원래라면 스스로 행동하고 판단해야 할 일을 다른 사람에게 억지로 떠넘기고 있기 때문입니다.

지나치게 의존적이면 왜 싫은 걸까?

물론 다른 사람에게 어딘가에 데려가 달라고 부탁하거나 상대방의 의견을 구하는 일 자체는 별문제가 아닙니다.

단, 자기 영역에 책임감이 있고 상대 영역을 존중할 줄 아는 사람이라면 데려가 달라는 게 자신의 희망 사항이라는 점, 그럴지 말지는 상대방이 결정할 일이라는 사실을 압니다.

그런 이유로 그는 부탁하는 말투부터가 다릅니다. "데려가 주면 정말 고맙겠어.", "너 갈 때 나도 데려가 줘.", "괜찮으면 네 의견 좀 말해 줄래?" 같은 화법을 쓰는 거지요. 상대가 이렇게 나오면 거절을 포함해 부탁받는 쪽의 선택 폭이 넓어집니다.

뭔가를 부탁한다고 해서 모두 의존적이라고 할 수는 없습니다. 영역 개념이 없다는 게 문제의 본질인 것입니다.

제대로 컨트롤할 수 있으면 불편하지 않다

의존심이 강한 사람은 분명 대하는 게 피곤한 법인데, 그가 불편하게까지 느껴지는 것은 이 또한 상대를 컨트롤할 수 없다는 느낌 때문입니다.

의존적인 사람 모두에게 불편한 마음이 드는 게 아닙니다. 그 의존심을 컨트롤할 수 없으니까 불편한 것입니다.

손쉬운 대처 요령을 보건대 "그런 건 스스로 생각해야지. 머리를 쓰면 되잖아?", "하루 동안 생각해 보고 그래도 모르겠으면 그때 다시 물어봐."처럼 가볍게 넘길 수 있는 관계라면 딱히 불편한 마음이 들지는 않습니다.

다시금 정리하자면 이렇습니다.

의존적인 사람 탓에 내 마음이 불편해지는 것은 걸핏하면 의지해 오는 상대를 지긋지긋해하면서도 효과적인 방법으로 상황을 정리할 수 없다고 하는, 즉 내가 컨트롤할 수 없다는 느낌이 그 핵심입니다.

부탁할 때는
상대에게 결정권을 주는 게 기본

상식이 통하지 않는 사람 ①

불편한 이유 |

- 너무 요령을 부리며 일하는 후배가 눈에 거슬려서 업무로 엮이고 싶지 않다.
- 자기만 손해를 보지 않으려는 속내를 풍기는 사람이 불편하다.
- 제 잇속만 챙기려는 상사에게 정이 떨어진다.
- 자기가 편해지고자 상대방 등을 떠미는 친구가 얄밉다.

똑같이 힘든 상황에서 자기 한 몸만 득을 보려는 '피차일반' 개념이 없는 사람에게 불편함을 느끼는 경우가 꽤 있습니다.

사람은 서로를 지탱하며 살아가야 하는 존재라는 사실은 사회에 널리 정착된 상식과도 같습니다. 우리 사회의 시스템이나 정서는 이를 토대로 하고 있습니다.

그렇기에 앞에서처럼 피차일반이라는 상식이 통하지 않는 상대를 마주했을 때 컨트롤할 수 없다는 느낌을 받는 것은 당연한 일이기도 합니다.

피차일반이 성립하지 않으니까 더욱 불편하다

'너도 나도 피차일반'이라는 의식은 서로가 그렇게 생각할 때 비로소 성립합니다. 이쪽이 아무리 '피차일반이니까.'라고 생각해도 상대에게 그런 의식이 없으면 피차일반은 성립하지 않습니다.

똑같은 상식이지만, 예컨대 '약속 시간을 지켜야 한다.'라는 상식은 피차일반과는 좀 다릅니다. 상대가 시간을 지키지 않아도 나 자신만큼은 그 약속을 지킬 수 있습니다.

반면에 피차일반의 경우에는 상대방의 말과 행동에 따라 나의 상식마저 흔들리게 된다는 특징이 있습니다. 피차일반은 시소 타기와 비슷해서 상대가 제대로 타 주지 않으면 둘 사이에 성립하기 어렵습니다.

그런 이유로 피차일반이라는 상식이 통하지 않는 상대를 만나면 그만큼 심리적인 대미지가 큽니다. 피차일반 개념이 없는 사람에게 컨트롤할 수 없다는 느낌을 강하게 받는, 즉 그가 더욱 불편하게 느껴질 수밖에 없습니다.

상식이 통하지 않는 사람 ②

불편한 이유 │ 문자 메시지를 보내도 곧바로 답변을 주는 일이 없는 친구 때문에 짜증 난다.

일을 진행하는 성향이 맞지 않는 상대방 때문에 짜증 나는 사람이 많을 듯합니다. 나는 일을 빨리빨리 추진하고 싶은데 상대가 너무 느긋하거나, 반대로 나는 느긋하게 하고 싶은데 상대가 자꾸 재촉하면 스트레스를 받기 마련입니다.

남들이 뭐라 하든 자기 페이스만 고집하는 사람들이 있습니다. 물론 사람은 자기 페이스대로 살아갈 때 가장 편한 법입니다. 상대의 페이스에 맞추는 일은 크든 작든 스트레스를 부르지요.

페이스를 맞추는 문제도 영역 침범이 될 수 있습니다.

자신에게 딱 맞는 페이스는 본인 영역에 속하는 사항이고, 사람마다 최적의 페이스는 다르지요. 따라서 상대에게 일방적으로 자기 페이스를 강요하는 일은 분명 영역 침범입니다.

페이스의 차이는 우선순위의 차이일 수도

사실 페이스가 맞지 않는 것은 일을 처리하는 속도가 다르기 때문이 아니라, 우선순위가 다를 뿐인 경우가 적지 않습니다.

메시지에 대한 답을 바로 하지 않으면 상대에게 폐가 될 것이고 일에도 지장을 초래할지 모른다고 생각하는 사람은 빠른 답변의 우선순위가 높다고 할 수 있습니다. 반면에 빨리 답하기보다 곰곰이 생각해본 후에 답변하는 타입이거나, 다른 볼일을 우선시해 메시지를 바로 확인하지 않는 사람도 있을 것입니다.

이처럼 일의 우선순위가 다르면 결과적으로 상대의 반응을 내가 바라는 타이밍에 알 수 없습니다. 이때 그것이 내게 중요한 일일수록 컨트롤할 수 없다는 느낌이 강해지고, 불편 의식으로도 이어지는 것입니다.

상식이 통하지 않으니까 불편하다

예컨대 '답변을 빨리 해주지 않으면 상대방 일에 지장을 초래할지도 모른다.'라는 상식이 통하지 않는 경우입니다.

상식이 통하지 않으면 감당하기 힘들다는 느낌이 들게 마련입니다. 나 자신에게는 아주 당연한 일이 여하튼 헛스윙이 되고 마는 셈이니까요. 그 결과로서 역시나 컨트롤할 수 없다는 느낌이 고개를 내밉니다.

불편한 이유 | 늘 얕잡아 보는 말투인 친구가 불편하다.

사람을 얕잡아 보는 말투에는 흔히 일방적인 단정이 동반되기 때문에 영역 침범도 함께 일어납니다만, 얕잡아 보는 말투는 기본적으로 상식에 관한 문제입니다.

'사람들에게 겸손하고 기분 좋게 대하는 게 상식이다.'라고 생각하는 이들에게는 남에게 거만하게 대하는 태도 자체가 위화감으로 느껴질 것입니다.

상식이 통한다는 것은 "그런 말투를 쓰면 다른 사람들이 불쾌해한다는 거 너도 알잖아?"처럼 당연하다는 감각을 공유하는 상태입니다. 우리의 인간관계는 이 같은 '너도 알잖아?'를 바탕으로 이루어집니다. 그런데 이게 통하지 않으니까, 상대와의 관계를 제대로 컨트롤할 수 없다는 느낌으로 이어집니다.

'너도 알잖아?'가 통하지 않으니까
서로 납득하기도 어렵다

상식이 통하지 않는 사람 ③

불편한 이유 | 해서는 안 될 말을 하거나 분위기 파악을 못 하는 친구와 거리를 두고 싶다.

'설마 이 자리에서 저런 말을 할 줄이야!'라는 생각이 들 정도로 이상한 소리를 하거나, 말도 안 되는 행동으로 주위에 불쾌감을 주는 사람이 있을 것입니다.

이 또한 상식이 통하지 않는 경우입니다. 그런데 똑같이 상식이 통하지 않는 사람이라도 평소의 말과 행동에서 일정한 규칙이 있는지 여부에 따라 내 쪽에서 느끼는 불편함은 상당히 달라집니다.

가령 '저 사람은 고맙다는 말을 잘 못 해.'라는 규칙이 보이면 그의 행동 자체가 상식 밖의 일일지라도 "어차피 고맙다는 말은 안 하니까."라며 으레 예측이 가능합니다.

그러면 실제로 그가 고맙다는 인사를 하지 않았어도 "또, 또 저러네."라는 정도에 그칠 뿐 딱히 불편한 감정은 들지 않을 수도 있습니다.

반면에 이러한 규칙성이 보이지 않을 만큼 깜짝 놀랄 행동을 일삼는 사람이라면 그럴 때마다 어안이 벙벙해집니다. "고맙다는 말을 못 하는 사람이란 건 알고 있었지만, 설마 이 정도일 줄은 몰랐어요!"라며 말이지요.

상대방의 행동을 도무지 종잡을 수 없다면 이를 예측하여 마음의 준비를 하는 것은 불가능합니다. 그 결과 컨트롤할 수 없다는 느낌, 즉 불편 의식이 생겨납니다.

불편한 이유 | 금세 감정적으로 돌변하는 상사 때문에 마음을 놓을 수가 없다.

이 경우도 마찬가지입니다. 쉽게 감정적으로 변하는 상사라도 '이럴 때 감정적이 된다.'라는 규칙성이 있으면 컨트롤할 수 없다는 느낌을 그렇게 강하게 받지는 않습니다.

예를 들어 '상사에게 따지는 듯한 말을 하면 폭발한다.' 같은 규칙성이 있으면 말투의 수위를 조절해 상사가 뜬금없이 감정을 터뜨리는 일은 어느 정도 피할 수 있습니다.

만약 상사가 감정적으로 돌변한 경우라도 '아차, 내가 또 저 인간한테 심하게 따졌나?'라는 식으로 상사의 규칙성을 다시 한 번 확인하는 기회로 삼을 수 있습니다. 이후에는 좀 더 잘 대처하게끔 요령을 가다듬는 것이지요.

그런데 갑자기 감정적으로 변해 주변을 흠칫하게 만드는 사람은 사실 대하기가 쉽지 않습니다. 그들은 대개 "네가 나를 화나게 만드니까 내가 화를 내는 거야!"라며 그때그때 자기감정에 따라 행동하는 경우가 많습니다. 객관적으로 파악할 수 있는 규칙성이 없는 것이지요.

그 결과 주위 사람들은 늘 주눅이 들어 그의 눈치를 살펴야 하는 상황에 처하고 맙니다.

자기감정을 앞세워 행동하는 사람은 주위에 불편한 느낌을 주기 십상입니다. 이는 당연합니다. 상대방의 행동에 일정한 규칙이 보이지 않으면 상황을 컨트롤할 수 없으니까요.

예측이 안 되니까

컨트롤할 수 없다는 느낌도 커진다

지난번에는 정말 좋아한다고 하고선…

나는 그 빵은 딱딱해서 싫은데!

무슨 생각을 하는지 도통 모르겠어요
대화가 안 되는 사람 ①

불편한 이유 | 무슨 말을 하는지 알 수 없어서 그와 소통하는 것 자체가 피곤해요.

'의사소통이 잘 안 되는' 사람에게 불편한 마음이 드는 경우가 많습니다. 불편 의식이 컨트롤할 수 없다는 느낌에서 온다는 점을 고려하면 당연한 일이지요.

의사소통이 안 되면 커뮤니케이션을 컨트롤할 수 없습니다.

진심을 말해도 진의가 제대로 전달되지 않거나 무슨 생각을 하는지 알 수 없는 상대에게 불편함을 느끼는 법인데, 문자 메시지 주고받기처럼 눈앞에서 대화할 수 없는 경우에도 불편 의식이 생기기 쉽습니다. 물리적인 제약으로 컨트롤 자체가 더욱 어렵기 때문입니다.

둘 사이의 소통, 즉 커뮤니케이션을 컨트롤할 수 있다는 느낌을 받고 안 받고는 서로의 생각이 캐치볼처럼 오갈 수 있느냐 없느냐에 달려 있는 경우가 많습니다.

이때 상대의 반응은 꼭 내 쪽에서 원하는 대로가 아니라도 좋습니다. 대화를 통해 상대방에게 무언가 영향을 미칠 수 있고, 그를 좀 더 이해할 수 있게 되는 감각이 중요합니다.

진짜 의도를 모르니까 불안해진다

불편한 이유 | 도통 속마음을 알 수 없는 부하 직원이 싫다.

상대가 무슨 말을 하는지 이해할 수 없을 뿐 아니라 무슨 생각을 하는지조차 알 수 없을 때도 '캐치볼'은 불가능합니다.

표면적인 말은 주고받을 수 있어도 마음이 오간다는 느낌은 없기 때문이지요. 말하자면 상대방의 진짜 의도를 종잡을 수 없는 경우입니다.

더욱이 예전에 누군가에게 배신당하거나 호되게 당한 경험이 있으면, 속내가 잘 드러나지 않는 부류의 사람들에게 더더욱 불편 의식을 느끼는 일이 많습니다.

'나를 바보 취급하는 건가?'

'나를 싫어하는 게 아닐까?'

'뒤에서 내 흉을 보지는 않을까?'

'괜히 믿었다가 나중에 발등을 찍히지는 않을까?'

어쩔 수 없이 이 같은 불안이 꿈틀대기 때문입니다.

자존감이 떨어지는 사람일수록 무슨 생각을 하는지 알기 어려운 상대를 불편하게 여기는 경향이 있습니다. 아무래도 향후의 부정적인 가능성을 염두에 두게 되니까 그렇습니다.

상대의 따뜻한 미소 한 번에 불편한 마음이 눈이 녹듯이 사라지는 일이 있지요? 이는 미소에 부정적인 가능성을 날려 버리는 효과가 있기 때문인데, 속내를 잘 드러내지 않는 사람은 그 반대의 경우라고 하겠습니다.

속내를 드러내지 않으니까

불편 의식을 자극한다

자기 의견을 꼭꼭 숨겨요
대화가 안 되는 사람 ②

불편한 이유 | 적당히 다른 사람 의견에 맞추기만 할 뿐 줏대 없는 사람이 싫다.

줏대 없는 사람에게 불편 의식을 갖게 되는 이유는 역시 '캐치볼'을 할 수 없기 때문입니다.

이쪽이 무슨 말을 하든 그저 장단만 맞출 뿐이라면 사람 대 사람으로 소통한다는 느낌이 들기 어렵습니다. 대화 자체에 의미를 부여할 수 없게 되는 거지요.

자기 의견이 없는 사람에게는 의존심의 문제도 있습니다.

어떤 화제를 고를까? 이야기를 어떤 방향으로 끌고 나갈까? 그들은 이 모든 결정을 상대에게 맡겨 버립니다.

앞에서 언급한, 누군가에게 배신당한 경험이 있는 사람에게도

제 의견을 감추는 이들은 불편하게 느껴질 것입니다.

상대방 의견에 늘 맞추는 사람이니까 '오늘은 내게 잘 맞춰 주지만, 다른 사람과 함께 있을 때는 180도 변할지 몰라.' 같은 불안을 품게 만들기 때문입니다.

나를 이해 못 할지도 모른다는 불안

사람은 다들 각자의 영역에서 살아가므로 서로 다른 게 당연합니다. 알고 있는 것도, 매사를 받아들이는 방식도, 느끼는 내용도 다릅니다. 이 차이를 메우고 서로에 대한 이해를 도와주는 수단이 커뮤니케이션입니다.

'말을 하면 상대가 이해할 것이다.'는 사람들 사이에 어느 정도 공유되는 상식입니다. 말을 하면 이해할 것이라는 기대가 있기에 우리는 커뮤니케이션을 시도합니다.

하지만 상대가 말을 제대로 이해하기 위해서는 '잘 알아들을 귀'가 있어야 하는 등 나름의 조건이 필요합니다. 그 조건을 갖추지 못한 사람에게는 컨트롤할 수 없다는 느낌을 받곤 합니다. 말은 하지만, 나를 이해 못 할지도 모르니까요.

대화가 안 되는 사람 ③

불편한 이유 | 이치에 맞지 않는 말을 하는 부장님이 답답하다.

커뮤니케이션의 목적이 '서로의 차이를 메우는' 것이라면 무엇보다 상대의 주장을 이해할 수 있어야 합니다.

이를 통해 오해를 풀거나 서로의 의견 차이를 좁힐 수 있으면 좋을 것이고, 만약 상대방 말이 납득되지 않을 때는 질문을 함으로써 이해를 높여 가면 됩니다.

하지만 애당초 이치에 맞지 않는 말이라면 아무리 질문을 통해 이해를 높이려고 해도 잘 안 됩니다.

의견 차이가 심해 서로 이해하기가 꽤 힘든 경우에도 '이렇게 조금씩 이해하다 보면 어떻게든 되겠지.'라는 생각이 든다면 컨트롤할 수 없다는 느낌에서 벗어날 수 있습니다.

그런데 처음부터 상대방 말에 논리가 없고 질문하면 할수록 점점 이치에 어긋난다는 사실만 두드러진다면 컨트롤할 수 없다는 느낌을 받을 수밖에 없습니다.

'이렇게 이해하면 되나?' 싶어 나름의 가설을 세워 물어봤는데, 상대가 여태의 흐름과는 전혀 다른 대답을 내놓는다면? 아마 벽을 보며 대화하는 느낌이 들지도 모르겠습니다.

불편한 이유 | 이야기가 전혀 통하지 않는 상사 때문에 말문이 막힐 정도예요.

상대가 이쪽 주장을 전혀 이해하지 못하는 상황입니다.

세대나 가치관이 다른 상대라도 커뮤니케이션을 통해 조금씩 의견을 절충해 나갈 수 있으면 괜찮습니다. 하지만 아예 말이 안 통하는 수준이라면 컨트롤할 수 없다는 느낌에서 도저히 헤어날 수 없습니다.

앞의 두 경우는 모두 '말을 하면 이해할 것이다.'라는 기본 조건을 충족시키지 못하는 상황이라고 할 수 있습니다.

불편한 이유 | 내가 말하고 있는데, 금세 자기 이야기로 화제를

돌려 버리는 친구가 불편하다.

이 또한 소통이 안 되는 예의 하나입니다.

화기애애하게 말을 주고받는 것처럼 보일 수는 있지만, 실제로는 '캐치볼'이 오가는 상황이 아닌 거지요.

일방적인 수다는 영역 침범이다

앞의 경우는 대화가 안 될 뿐 아니라 '영역 침범' 문제도 발생하고 있습니다. 사람에게는 누구나 이야기를 할 때 제대로 들어 주는 형태로 존중받을 권리가 있습니다.

그런데 상대방이 갑자기 이야기의 주역을 빼앗아 버린다면? 이는 '내 이야기를 들어 주면 좋겠는데.', '차분히 내 이야기 좀 하고 싶은데.' 같은 나의 영역에 상대가 다짜고짜 들어와 "내 이야기부터 들어!"라고 말하는 것과 같습니다.

대화의 기본은 서로의 영역을 존중하는 데 있습니다.

상대의 말을 이해하려는 자세는 상대방 영역에 대한 존중이고, 내 생각을 분명하게 밝히는 것은 어른으로서 나의 영역에 책임을 지는 행동입니다.

이유는 모르겠지만 그냥 싫어요
콤플렉스를 자극하는 사람

지금까지는 주로 상대방 때문에 생기는 불편함에 대해 살펴보았습니다. 상대의 난감한 성향 때문에 그와 나 사이의 관계성을 컨트롤할 수 없다는 느낌을 받고, 이것이 불편 의식으로 이어진다는 내용이었습니다.

하지만 불편함을 느끼는 것은 이런 유형만이 아닙니다. '상대에게 잘못이 없다는 것은 안다. 하지만 왠지 불편하다.' 같은 경우도 있습니다. 이때 느껴지는 감정은 질투나 부러움, 자학, 강한 불안이나 초조함 등 나 자신을 괴롭히는 부정적인 것들입니다.

프티 트라우마가 부정적인 감정을 자극한다
목숨이 위협받을 만큼 충격적인 체험을 했을 때 마음에 생기는 상처를 의학적으로 '트라우마'라고 합니다. 그런데 목숨이 위협받을 정도는 아니더라도 우리는 세상을 살아가며 다양한 상황에서 마음의 상처를 받습니다.

트라우마라고 할 정도까지는 아닌 마음속 상처를 저는 '작다'는 뜻의 프랑스어를 붙여 '프티 트라우마petit trauma'라고 부릅니다.

프티 트라우마는 다른 사람의 비판이나 공격, 소외, 멸시에 의해 생겨납니다. 다만 비교적 일상적으로 생기는 것이라서 상처라기보다는 '나는 못났어.' 같은 자괴감이나 일종의 콤플렉스 형태로 우리의 마음에 남습니다.

그렇게 마음속 상처로 남아 있다가 이를 자극하는 일에 직면하면 드디어 반응을 일으킵니다. 그 가장 두드러진 반응은, 부정적인 감정이 치솟아 컨트롤할 수 없게 되는 것입니다.

불편한 이유 | 착하고 밝은 동료가 왠지 불편하다.

착하고 밝은 동료의 어떤 점이 마음속 상처를 건드리는 걸까요?

예컨대 어릴 때부터 '어둡다', '착하지 않다' 같은 꾸중을 들으며 자라난 경우입니다. 평소에는 아무 신경 쓰지 않고도 잘 살아왔는데, 어느 날 밝고 착한 동료를 보며 밝지 않고 착하지 않은 자기 자신을 깨닫고 맙니다. 그 결과 '나는 안 돼!' 같은 감정이 되살아나 컨트롤할 수 없는 지경에 이릅니다.

이때 본인이 컨트롤하지 못하는 것은 '그와 잘 지낸다, 잘 지내지 못한다' 같은 상대와의 관계성이 아니라 '그를 만나면 왠지 주눅이 든다.', '질투가 난다.' 같은 내 안의 부정적인 감정입니다.

이 또한 컨트롤할 수 없다는 느낌으로 이어집니다.

마음의 충격에 스스로를 책망하는 이유

부정적인 감정이 치솟아 컨트롤할 수 없게 되는 현상은 주로 스스로에게 자신감이 없을 때, 세상살이가 내 마음처럼 잘 안 된다고 느껴질 때 발생하기 쉽습니다.

이럴 때 '다른 사람들은 저토록 대단한데…….' 같은 사실에 직면하면 마음이 충격을 받습니다.

그러면 몸과 마음은 '더는 충격받고 싶지 않아.' 모드에 돌입하여 주위를 경계하기 시작합니다. '흥, 대단해 봤자 그냥 ○○일 뿐이잖아.'처럼 심술궂은 마음이 튀어나오는 것은 그러한 경계 심리 중 하나이지요.

그런데 타인에 대한 경계 못지않게 나 자신을 향한 경계도 무시하지 못한다는 게 문제입니다.

내가 못나서 다른 사람의 대단함에 충격을 받는다고 여기는 것입니다. 이는, 나만 제대로 하면 충격을 받는 일 따위는 없을 테니 스스로를 다잡아야 한다는 생각으로 이어집니다.

그 결과 자신을 향한 '지적질'이 시작됩니다. '이것도 안 돼, 저것도 안 돼!' 하며 말이지요.

경우에 따라서는 인생의 모든 게 잘못된 것 같은 느낌마저 받습니다. 그때까지 비교적 잘해 왔다고 믿었던 영역에서조차 큰 실패를 한 듯한 생각에 빠지기도 하고요. 어떤 사람을 보고서 이처럼 자신감 없는 기분을 억누르지 못한다면 컨트롤할 수 없다는 느낌이 생겨납니다. 이것도 불편 의식의 한 패턴입니다.

유난히 밝은 사람을 봤을 때 기분이 좋지 않을 정도라면 이는 내마음속 상처 때문일 가능성이 큽니다. 물론 개중에는 밝게 행동하는 것을 넘어 본인이 얼마나 대단한지를 대놓고 어필하려는 사람도 있습니다. 하물며 '너도 정신 차려야 해.' 같은 쓸데없는 참견을 늘어놓기도 하지요.

이런 사람은 당신의 영역을 제대로 침범하고 있습니다. 그럴 때는 내 마음속 상처를 돌아보기보다 그를 '영역 침범자'로 대하는 게 맞습니다.

함께 있는 것만으로도 괴로워요
있는 그대로의 나를 위협하는 사람

이번 장을 마무리하며 '컨트롤할 수 없다는 느낌'의 정체를 좀 더 이해하기 쉽게 정리하고자 합니다. 컨트롤할 수 없다는 느낌의 본질적인 문제는 무엇일까요?

불편한 이유 | 체취가 심한 동료 때문에 불편하다.

사실 이러한 불편함 또한 내가 컨트롤할 수 없다는 느낌에서 비롯됩니다. 후각은 시각 같은 감각과는 달리 숨이라도 멈추지 않는 이상 '냄새가 나지 않게' 컨트롤할 수 없습니다. 다시 말해, 심한 체취처럼 불쾌한 냄새가 날 때는 그야말로 '컨트롤 불능' 상태라고 할 수 있습니다.

이렇듯 냄새를 떠올려 보면 컨트롤할 수 없다는 느낌의 본질이 무엇인지 잘 이해할 수 있습니다.

바로 '있는 그대로의 나로 있을 수 없다.'라는 사실입니다.

있는 그대로 느긋하게 숨을 들이쉴 수 없습니다. 계속 불쾌함을 느끼거나 냄새를 막느라 숨조차 마음 편히 쉬지 못하는 상황이지요. 숨을 잠시 멈추거나 작게 쉬어 보는 등 평소의 나답지 않게 숨을 쉴 수밖에 없습니다.

그에 비해 불쾌한 냄새가 나지 않는 곳에 가서 '공기가 참 상쾌하네!', '아, 편해~'라며 느긋하게 숨을 들이마시게 된다면 그제야 있는 그대로의 나로 있을 수 있습니다.

불편한 이유 | 모든 걸 꿰뚫어 보는 듯한 사람 앞에 서면 나도 모르게 긴장된다.

딱히 나쁜 짓을 한 것도 아닌데, 이런 사람 앞에 서면 왠지 불편하고 조마조마할 때가 있습니다.

도마 위에 놓인 생선 신세라고나 할까요?, 관계성을 컨트롤하기는커녕 이러지도 저러지도 못하는 채 상대 앞에 무방비 상태로 놓여 있는 꼴이지요.

이런 상대에게서 불편한 마음을 느끼는 것은 당연합니다.

이 같은 '컨트롤할 수 없다는 느낌 = 있는 그대로의 나로 있을 수 없다는 느낌'은 여타의 불편 의식에도 그대로 적용됩니다.

즉, 불편하다는 감각은 '있는 그대로의 나로 있을 수 없다는 느낌'에서 생겨난다고도 할 수 있습니다.

불편한 사람을 대할 때면 어딘지 모르게 몸에 힘이 들어가고 긴장이 됩니다. 불편한 사람이 있는 곳에는 가고 싶지 않고, 꼭 가야만 하는 경우에는 마음부터 위축됩니다. '느긋하게 숨을 들이마실 수 없는' 느낌이 드는 것이지요.

이렇듯 불편한 사람은 우리에게서 자유를 빼앗아 갑니다.

반면에 불편한 마음을 떨쳐 버린다는 말은 있는 그대로의 나로 있을 수 있다는 뜻입니다.

자, 그러면 지금부터 느긋하고 자유롭게, 나답게 살아가기 위해 누군가가 불편한 마음을 떨쳐 버리거나 줄일 수 있는 단계로 넘어가 보겠습니다.

누군가가 불편한 마음은 왜 생길까?

1

상대나 상황을 컨트롤할 수 없다는 느낌이
불편한 마음으로 이어진다.

2

사람에게는 누구나 자기 영역이 있다.

3

타인을 단정 짓고, 강요하고, 마냥 의존하는 것은
모두 영역 침범이다.

4

상식이 통하지 않거나 대화가 안 되는 사람에게
불편 의식을 가지기 쉽다.

5

상대에게 아무 문제가 없는데 마음이 불편하다면
내 마음속 상처를 의심해 본다.

불편한 마음을
떨쳐버리는 비결

– 일단 이대로도 괜찮다고 받아들인다 –

누군가가 불편한 마음은
의지로 극복할 게 아니라, 흘려버려야 합니다.
불편한 마음은
불편한 대로도 괜찮습니다.

실체를 알면
불편한 마음이 작아진다

우리는 1단계에서 불편 의식이 컨트롤할 수 없다는 느낌 때문에 생겨난다는 사실을 살펴보았습니다.

2단계부터는 나의 불편한 마음을 어떻게 다루어야 할지 그 구체적인 요령을 알려드릴 텐데, 앞에서 불편한 마음의 정체를 이해한 것만으로도 이미 조금은 컨트롤할 수 없다는 느낌이 줄어들지 않았을까 싶습니다.

주위의 누군가가 왠지 모르게 불편한 상태일 때 컨트롤할 수 없다는 느낌을 가장 강하게 받습니다. '왠지 모르게' 불편하니까 대처 방법도 마땅치 않은 거지요.

이렇듯 내 안에서 무슨 일이 일어나고 있는지 잘 모르는 상태 자체가 컨트롤할 수 없다는 느낌을 더욱 크게 만듭니다.

따라서 불편 의식이 어떤 상황에서 어떻게 생겨나는지 그 실체를 이해하는 게 중요합니다.

"그래. 이처럼 컨트롤할 수 없다는 느낌이 있으니까 내게 불편한 마음이 드는구나."

이 같은 이치를 알게 되면 불편 의식을 줄이는 요령도 보다 손쉽게 내 것으로 만들 수 있습니다.

이번 단계에서는 불편함이 느껴질 때 우리 마음속에서 무슨 일이 일어나고 있는지를 이해하고, 실제로 그 불편한 감정을 떨쳐내보겠습니다. 불편한 사람들에게서 내 마음이 편안해지는 실마리가 되는 단계라고 하겠습니다.

마음이 개운하지 않은 것은
불편함의 실체를 모르기 때문

애써 극복하려고
하지 않는다

대다수 사람은 누군가에게 불편한 마음을 가지는 자신을 좋게
받아들이지 않습니다.

우리에게는 역시 '너그러운 마음이고 싶다.', '남들이 나를 너그
러운 사람으로 봐 주었으면 좋겠다.'라는 바람이 있습니다.

그런 이유로 다른 이들을 불편하게 여기는 나 자신이 싫다는 사
람이 있습니다. 누군가를 불편하게 느낄 때 마음속에 움트는 찜찜
하고 속 좁은 감정이 싫은 것이지요.

불편한 마음은 내가 어떻게 받아들이느냐의 문제이니까 관점을
바꾸면 불편함 또한 사라지겠지, 라는 생각에 '나는 왜 그를 이렇
게밖에 보지 못하는 걸까?'라며 자책하는 사람도 있을지 모릅니
다. 그 결과 마음이 불편한 사람에게 억지로 너그럽게 대하려다 오

히려 스트레스만 쌓이곤 합니다.

하지만 불편 의식을 가지는 스스로에 대한 불편한 마음은 결과적으로 상황을 더욱 어렵게 만듭니다.

'불편 의식을 가지는 본인에 대한 불편 의식'이란 자신을 컨트롤하지 못한다는 뜻입니다. 말하자면 상대방이나 상황을 컨트롤하지 못한다는 느낌과 스스로를 컨트롤할 수 없다는 느낌의 '복합 오염' 같은 상태가 되어 버립니다. 당연히, 컨트롤할 수 없다는 느낌을 없애 불편 의식을 떨쳐 버리고자 하는 목표에서 더욱 멀어질 수밖에 없습니다.

불편한 마음을 이기려고 할수록 악화된다

주위의 불편한 사람 때문에 고민하는 많은 이들이 불편한 마음을 극복하고자 노력합니다. 하지만 그럴수록 마음은 점점 더 불편해집니다. '불편한 마음을 극복하는 형태로 컨트롤하고 싶다. 하지만 잘 안 된다.'라는 사실 자체가 컨트롤할 수 없다는 느낌을 더욱 강하게 만들기 때문입니다.

게다가 이보다 큰 문제는, 불편하다는 감정에 초점을 맞추게 된다는 점입니다. 불편 의식은 현재의 내가 상대와의 관계에서 컨트롤할 수 없다는 느낌을 갖고 있다는 사실을 의미할 뿐 그 이상도 이하도 아닙니다. 우리가 마주해야 할 문제는 컨트롤할 수 없다는 느낌 쪽이지, 그 결과로서 나타나는 '불편한 마음'이라는 감정은 결코 주인공이 아닙니다.

그런데 '어떻게든 불편한 마음을 극복하자.'처럼 불편한 마음에만 눈을 돌리면 애당초 주인공이 아닌 불편한 감정에 스포트라이트를 비추는 격입니다.

이는 프로젝터 렌즈에 묻은 먼지 때문에 스크린이 얼룩져 보이는 상황에 비유할 수 있습니다. 문제의 근본적인 해결책은 렌즈에 묻은 먼지를 닦아 내는 것인데, 그저 스크린에 보이는 얼룩을 박박 문지르고 있는 셈입니다. 얼룩은 지워질 리 없고, 오히려 열심히 문지른 탓에 스크린에 흠집이 나서 화면이 이전보다 더욱 보기 힘들어질 뿐입니다.

불편한 마음을 극복하려는 시도도 마찬가지입니다.

어떻게든 이겨 내려고 하면 할수록 컨트롤할 수 없다는 느낌만 강해지고, 그 결과 마음이 더욱 불편해지는 악순환에 빠집니다.

근본적인 해결책은 불편한 마음을 극복하려는 '얼룩 제거'가 아니라 원래의 렌즈에 묻은 먼지를 없애는 일이지요.

불편한 마음을
애써 지우려고 하지 않는다

불편한 마음
그대로도 괜찮다

만약 지금 누군가가 많이 불편하다면 1단계에서 살펴본 다양한 사정이 있어서입니다. 그 때문에 컨트롤할 수 없다는 느낌을 갖게 되어 불편한 마음이 드는 것이지요.

이는 부정할 수 없는 현실입니다. 내가 뭔가에 대해 불편 의식을 가진다는 사실을 어느 날 갑자기 컨트롤할 수도 없습니다. '불편한 사람을 좋아해 보자.', '싫은 사람과도 잘 지내보자.'라며 노력해도 결국 부질없이 끝나기 일쑤입니다.

불편한 마음을 떨쳐버리는 첫 단계

이 책을 펼쳐 든 사람은 불편한 감정을 떨쳐 버리기를 바랄 테니 '불편한 마음은 불편한 대로도 괜찮다.'라며 현 상황을 긍정하는 듯한 내용에는 거부감이 들지도 모르겠습니다.

하지만 불편 의식을 떨쳐 내기 위해서는 컨트롤할 수 없다는 느낌을 없애야만 합니다.

스스로에 대해 컨트롤할 수 없다는 느낌을 줄이기 위해 우선 '불편한 마음은 불편한 대로도 괜찮다.'라고 인정할 필요가 있는 것입니다.

'불편한 마음은 불편한 대로도 괜찮다.'는 물론 이 책의 결론이 아닙니다. 책을 읽으면서 불편한 사람들 수가 줄어들 것이고, 행여 여전히 불편한 사람이 있더라도 그와 마음 편히 지낼 수 있다면 그 부담은 확연히 달라질 테니 그것을 의도할 따름입니다.

이를 위해 '지금, 불편한 마음을 느끼는 나는 이대로도 괜찮다.'라고 인정하는 데서 시작하겠습니다. 불편 의식을 가졌더라도 그것을 컨트롤할 수 없다는 느낌부터 없애는 것입니다.

현실을 부정해 봤자 승산은 없다

'불편한 마음은 불편한 대로도 괜찮다.'는 사람들과의 관계가 어떻든 내가 중심을 잘 잡고 살아야 한다는 말이 아닙니다. 하물며 불편한 사람이 있는 편이 낫다는 의미도 아닙니다.

이는 인간관계를 둘러싼 가치관의 문제가 아니라, 현실을 받아들이는 일에 관한 이야기입니다. 지금의 현실은 다양한 사정 때문에 누군가가 마냥 불편한 상황입니다.

이 현실을 부정해 봤자 승산은 없습니다. 당연한 말이지만, 현실은 현실이기 때문입니다. 현실을 부정하면 시간이 제자리에서 멈추는 것과 같습니다.

현실과 줄다리기하며 '이게 현실이 아니라면 좋을 텐데……'라고 아무리 생각한들 현실을 이길 수는 없습니다. 그저 줄을 손에 꼭 쥔 채 같은 자리에 머물러 있을 뿐이지요.

계속 줄다리기를 하고 있으니 자꾸 힘만 빠집니다.

줄다리기에서 앞으로 나아가려면 언제까지나 같은 자리에서 줄을 당기고 있을 수는 없습니다. 내가 가진 한정된 힘을 '멈추어 있는' 데 소모하는 것도 아까운 노릇입니다. 그 힘은 앞으로 나아가는 데 써야지요. 그러자면 현실을 받아들여야 합니다.

'나는 저 사람이 불편하다.'는 현실을 받아들이는 데서 모든 게 시작됩니다. 그것이 바로 '불편한 마음은 불편한 대로도 괜찮다.'라고 일단, 마음먹는 일입니다.

불편한 마음의 악순환을 끊지 않는 한
상황은 나아지지 않는다

'어떻게든 되겠지'라는
마음가짐

상대가 내 마음속 상처나 콤플렉스를 자극하는 유형(61쪽)의 불편함 역시 '불편한 마음은 불편한 대로도 괜찮다.'라고 받아들이면 큰 효과가 있습니다. 그렇게 마음먹음으로써 '내 상처를 건드리는 타입의 사람은 가급적 안 보면 되니까.'라는 식의 선택이 가능해지기 때문입니다.

'그건 도피 아냐?', '트라우마를 극복해야지.'라고 생각하는 사람도 있겠지만, '가급적 만나지 말아야지.'는 나의 진취적인 선택에 해당합니다.

마음속 상처를 치유하려면
사실 마음속 상처에서 회복하는 일 또한 컨트롤할 수 없다는 느낌과 깊은 관계가 있습니다.

마음의 상처는 큰 충격을 받았을 때 생겨나니까, 더욱 강한 컨트롤할 수 없다는 느낌에 휩싸이고 맙니다.

나는 이제 아무것도 할 수 없어. 여기서 벗어날 수 없고, 나를 이해해 주거나 도와줄 사람 따위는 존재하지 않아……. 이처럼 강한 무력감, 절망감, 고독감에 빠져드는 것입니다.

충격의 정도가 심하면 그야말로 '더는 살아갈 수 없어.', '세상 누구도 못 믿겠어!'라는 마음마저 깊어집니다.

마음의 상처에서 회복하려면 상처 그 자체를 치유하기보다 컨트롤할 수 없다는 느낌에서 벗어날 필요가 있습니다.

상처 자체에 손을 대지 않아도 인생 전반에 대해 '뭐, 어떻게든 되겠지.'라는 감을 잡을 수 있다면 마음속 상처가 상대적으로 가벼워집니다. '그 일이 떠오르면 괴롭기야 하겠지만, 어떻게든 될 거야.'라는 식으로 서서히 가라앉는 것입니다. 그러면서 과거에 상처를 입은 일도 이전만큼 중요하게 느껴지지 않습니다.

이는 '자신감이 생기면 주위에 끌려다니는 일 없이, 본인의 단점 또한 별로 신경 쓰이지 않는' 현상이라고 하겠습니다.

보고 싶지 않은 사람을
보지 않을 용기

인생 전반에 대해 '뭐, 어떻게든 되겠지.'라는 감을 잡으려면 나름의 과정이 필요합니다.

어느 날 마음속 상처를 자극받는 등 '컨트롤할 수 없다는 느낌'을 강화하는 일이 자주 일어나면 회복의 길은 더욱 멀어질 수밖에 없습니다.

지금 누군가를 떠올렸을 때 내 안의 불편한 마음이 커진다면 이는 마음속 상처가 자극받았다는 의미입니다.

이것만으로도 컨트롤할 수 없다는 느낌이 강화되는 것입니다. 여기에 더해 '그의 성공을 진심으로 기뻐해 주지 못하다니, 나도 참 못났다.'라며 스스로를 책망하기까지 한다면 컨트롤할 수 없다는 느낌은 더더욱 강해집니다.

진심으로 기뻐해 주지 못하는 것은 내 마음속 상처를 생각하면 당연한 일입니다. 애당초 불가능한 일을 극복하려고 해봤자 컨트롤할 수 없다는 느낌만 세질 뿐입니다. '뭐, 어떻게든 되겠지.'라는 감각은 지금의 나를 긍정하는 것에서부터 시작됩니다.

따라서 '지금의 내게 아직 그 사람을 직시하기에는 너무 일러.'라는 생각이 든다면 '가급적 만나지 않는다.'라는 선택지를 고르는 게 낫습니다.

그렇게 하자면 '불편한 마음은 불편한 대로도 괜찮다.'라는 인식이 필요합니다.

'지금의 내게'라는 조건이 붙습니다만, 스스로 마음이 불편하다는 사실을 인정하고 적극적으로 '만나지 않겠다.'라는 선택지를 고를 수도 있습니다.

이는 도망가는 것도, 약하다는 증거도 아닙니다. 자신을 있는 그대로 인정하는 위에, 그런 나를 시의적절하게 돌보는 중이라고 생각하기 바랍니다.

이것이야말로 '자기 영역'을 책임지는 용기입니다.

지금은 그저
마음이 불편한 상태일 뿐

이 책은 주로 '저 사람이 불편하다.', '저 사람의 ○○한 부분이 싫다.'처럼 특정 인물, 특정 부분에 대해 불편 의식을 가진 분들을 대상으로 하고 있습니다. 그런데 개중에는 몇몇 사람뿐 아니라 모든 인간관계가 불편한 경우도 있습니다.

특히 자신은 분위기 파악을 잘 못하고 타인에 대한 공감력마저 떨어진다고 여기는 타입이라면 모든 인간관계가 불편하게 느껴질 가능성이 큽니다.

분위기를 파악하는 힘, 공감력 등은 상당 부분이 선천적이라서 아무리 노력한들 요령이 늘지 않는 측면이 있습니다.

이런 사람이라면 스스로를 원망할 게 아니라 자신에게는 애당초 그런 능력이 없다는 점을 인정하는 데서 시작해야 합니다.

'무슨 소리? 대인관계 능력을 기르려고 열심히 노력하고 있는데…….'라는 사람이 있을지 모르겠습니다만, 거듭 언급했듯이 '불편한 마음은 불편한 대로도 괜찮다.'를 받아들이고 내게 맞는 대인관계 요령을 찾는 게 훨씬 낫습니다.

일단 분위기 파악을 잘하거나 사람들 마음을 잘 헤아려야 성립하는 인간관계가 본인에게는 여하튼 '컨트롤할 수 없다는 느낌'을 불러일으킨다, 즉 불편한 것으로 받아들여야 합니다. 다만 이는 어디까지나 분위기 파악을 잘하고 공감력도 뛰어나야 하는 인간관계일 경우입니다.

인간관계를 여기에만 한정할 필요는 없습니다.

"나는 분위기를 잘 못 읽고 공감력도 떨어지는 편이야. 그러니까 마음에 걸리는 게 있으면 뭐든 알려줘."라며 미리 말하는 식으로 인간관계를 풀어가는 일 또한 얼마든지 가능합니다.

안 되는 일을 하려고 하면 컨트롤할 수 없다는 느낌만 강해질 뿐이지만, 내게 맞는 형태로 대처하다 보면 '뭐, 어떻게든 되겠지.'라는 감각이 자연스럽게 생겨납니다.

'불편한 마음은 불편한 대로도 괜찮다.'라고 마음먹는 것은 스스로에게 너그러워지는 일입니다. 나 자신의 이런저런 사정을 감안

했을 때 '사람이니까 어쩔 수 없잖아?'라며 스스로를 다독여 주듯이 말이지요.

지금의 감정은 결론이 아니라 하나의 과정

한편으로 '○○ 씨가 불편해.'라는 감정을 그 사람에 대한 부정적인 평가로만 받아들인다면 '불편한 마음은 불편한 대로도 괜찮다.'라는 마음가짐은 타인에 대한 부정적인 평가를 정당화하는 자기중심적인 변명이 될지도 모릅니다.

하지만 불편한 마음을 내 안에 존재하는 '컨트롤할 수 없는 느낌'이라고 생각하면 다른 관점을 가질 수 있습니다.

즉, ○○ 씨를 불편하게 느끼는 감정이 결론이 아니라 하나의 과정이 되는 것입니다. 또한 그 감정을 ○○ 씨에 대한 평가가 아니라 그와의 관계성에 따르는 현상이라고 받아들여 보기 바랍니다. 상대가 불편한 이유는 '지금' 컨트롤할 수 없다고 느끼기 때문이니까요. 그렇다면 앞으로는 '컨트롤하고 있다는 감각'을 잡아 나가면 됩니다. 그 출발점이 바로 '불편한 마음은 불편한 대로도 괜찮다.'라는 인식입니다.

불편한 마음은,
지나가는 과정에 불과하다

스스로에게 좀 더
너그러워질 것

그리 복잡하지 않은 대인관계에서는 '불편한 마음은 불편한 대로도 괜찮다.'라고 받아들이기만 해도 더 이상 불편한 감정이 들지 않는 경우가 있습니다.

'다른 사람에게 불편한 마음을 가져서는 안 된다.'라는 속박에서 스스로를 해방하면 타인에 대한 엄격한 감정 또한 누그러지기 때문입니다.

생각해 보면, 사람은 저마다 다른 사정을 안고 살아가기에 현시점에서 불편한 누군가가 존재하는 것은 어찌 보면 당연합니다. 그런 자신에게 너그럽다는 것은 다른 사람의 사정에도 너그러워진다는 의미입니다.

스스로에게 '불편한 마음을 느껴서는 안 된다.'라며 엄격한 잣대를 들이대는 사람은 타인에게도 '인간으로서 제대로 행동해야 한다.'라는 엄격함을 은연중에 요구합니다.

이것을 마음에서 떨쳐 버리면 새로운 세계가 열립니다.

불편한 이유 | 재미없는 친구와 함께 있는 게 불편하다.

애당초 왜 이런 친구를 만나는 걸까요?

물론 사람의 관계는 재미있는 이야기 말고도 소중한 가치가 많습니다. 이야기가 재미없다고 해서 친하게 지내지 않을 이유는 없지요. 마음에 드는 점이 있으면 당연히 친구로 지낼 수 있습니다. 어린 시절의 학교 동창생처럼 오래 함께 지내다 보니까 친구가 된 경우도 있을 거고요.

그런데 문제는 그 친구를 만날 때면 왠지 모르게 마음이 불편하다는 데 있습니다. 먼저 이 경우에 '컨트롤할 수 없다는 느낌'이 어디에 있는지 생각해 보겠습니다.

내가 컨트롤할 수 있는 부분은 뭘까?

친구 이야기가 재미없다는 느낌도 내가 컨트롤할 수 없다고 여기는 부분입니다. 하지만 이는 어디까지나 상대방 영역에 속하는 사안입니다. 상대의 이야기를 이러쿵저러쿵 평가하는 것 자체가 이미 영역 침범이지요. 무엇보다 이야기가 재미없는 사람의 이야기를 재미있게 만드는 것은 기본적으로 불가능합니다.

안 되는 일을 안 된다고 받아들이는 것 또한 '컨트롤'의 한 형태입니다. 어쩌면 될지도 모른다는 기대가 있으니까, 컨트롤이 안 된다는 느낌을 갖게 된다고도 할 수 있습니다.

요컨대 컨트롤할 수 없다는 느낌을 초래하는 것은 이야기가 재미없는 친구와 이야기해야만 하는 상황이라는 말이 됩니다. 이때 컨트롤할 수 없다는 느낌을 '컨트롤할 수 있다는 느낌'으로 바꾸려면 어떻게 해야 할까요?

바로 여기서 '불편한 마음은 불편한 대로도 괜찮다.'라는 인식이 제 역할을 합니다. '나는 이야기가 재미없는 사람과의 대화가 불편하다.'라는 사실을 받아들이고 다른 방법을 찾는 것이지요. 그래서 대화 시간을 짧게 끝내거나, 가급적 일대일로는 대화하지 않는 등의 요령을 통해 상황을 컨트롤할 수 있습니다.

이야기가 불편하면 가급적 이야기하지 않는다

예컨대 친구와 즐겁게 시간을 보낼 방법을 찾아보면 됩니다. 함께 쇼핑이나 운동, 요리를 하는 등 대화가 중심이 되지 않고도 시간을 잘 보낼 수 있는 방법은 많습니다.

그렇게 하면서까지 같이 있고 싶지는 않다, 라는 생각이 든다면 '여럿이 함께 어울릴 때 그 친구가 있어도 괜찮은' 관계 정도로 유지하는 것도 하나의 방법입니다.

이런 식으로 친구와 시간을 보내는 방법을 생각하는 일은 실례도 뭐도 아닙니다.

내가 불편하게 여기는 것은 이야기가 재미없는 친구의 존재 자체가 아니라 '그 친구와 이야기를 나누는 상황'이라는 사실을 이해하고 있으면, 둘의 궁합에 잘 맞는 방법이 떠오를 것입니다.

'친구와 시간을 잘 보내는 방법'을 생각하는 일은 상대에게 미안해할 게 아닙니다. 이는 어디까지나 긍정적인 관계성 컨트롤에 관한 이야기입니다.

2단계 핵심 정리

불편 의식을 어떻게 떨쳐낼 수 있을까?

1

불편한 마음을 극복하려고
하면 할수록 더욱 불편해진다.

2

나의 불편한 마음이 아니라, 내가 무엇에
컨트롤할 수 없다는 느낌을 받는지에 주목한다.

3

'불편한 마음은 불편한 대로도 괜찮다.'라고
받아들이면 관계와 감정이 편안해진다.

4

나 자신에게 너그러워야
다른 이의 사정에도 너그러울 수 있다.

5

불편한 마음은 결과가 아니라 과정에 불과하다.

지금의
불편한 감정이 진짜일까?

– 어떤 일이든 처음에는 불편한 마음이 든다 –

진짜가 아닌 가짜
불편한 마음도 있습니다.
이는 익숙하지 않은 것들에 대한
'위화감'일 뿐입니다.

불편한 게 아니라
익숙하지 않을 뿐이다

불편한 마음 대처법을 계속 알아보기 전에 '가짜 불편 의식'에 대해 짚고 넘어가겠습니다.

내게는 참 불편한 사람이라고 생각했는데, 단순히 본인이 그렇게 믿고 있었을 뿐인 경우가 있습니다.

이 같은 가짜 불편 의식에 휘둘리지 않으려면, 위화감을 불편함으로 느낄 수도 있다는 사실을 알아야 합니다.

불편한 이유 | 패션 취향이 전혀 맞지 않는 사람이 불편하다.

이 예에서 상대의 복장이 내게 딱히 해를 끼치는 것은 아닙니다. 앞에서 살펴본, 둘의 관계성을 기반으로 하는 컨트롤할 수 없다는 느낌과는 조금 다르지요. 그것이 내 마음속의 상처를 자극하지도 않습니다.

한편으로 상대방의 옷차림에 대해 너무 귀여운 척한다, 허영심이 강해 보인다, 지나치게 성적으로 어필한다, 아무리 잘 봐주려고 해도 세상 분위기와 너무 동떨어졌다는 식의 의미 부여를 할 수는 있겠지요. 즉, 상식이 통하지 않으니까 불편함을 느끼는 패턴으로 받아들이는 것입니다.

하지만 이는 상식과는 아무 상관없습니다. 단순히 둘의 취향이 맞지 않을 뿐이라서 이렇다 할 의미 부여를 하지 않더라도 불편함을 느끼는 것입니다.

익숙하지 않은 것을 불편하다고 믿는다

이러한 불편함은 익숙하지 않은 것들에 대한 '위화감'이라고 할 수 있습니다.

그 전형적인 예가 젊은 세대의 패션을 보고 어른들이 느끼게 되는 위화감일 것입니다.

처음에는 깜짝 놀라며 혐오감을 드러내기도 합니다만, 익숙해지면 어른들 또한 그들의 패션 일부를 받아들이거나 하지요.

혹은 얼마 전까지만 해도 SNS로 하는 소통이 불편하다던 사람이 어느새 포토 메시지 따위를 척척 보내옵니다.

이처럼 우리가 불편하다고 느끼는 것들 중에는 단순히 '이제껏 잘 몰랐기' 때문에 드는 위화감도 있습니다. 시간이 흐르면서 자연스럽게 무뎌지는 타입의 불편 의식도 있고요.

처음에는 모든 일에 위화감을 느낀다

사람이 새로운 것을 알아가는 일은 하나의 변화입니다.

사람은 그 모든 변화에 스트레스를 받습니다.

그래서 지금까지와는 다른 사람이나 사물, 상황을 접하면 위화감을 갖습니다. 이는 사람이 안전하게 살아가기 위해 마련된 장치와도 같아서, 잘 모르는 것들에 대해 경계심이나 불안감을 느끼게 마련입니다.

이 같은 위화감은 이후 실체를 깨닫는 과정을 통해 변화에 적응해 나가면서 차츰 극복됩니다.

새로운 것들에의 적응 과정은 길든 짧든 필요합니다.

일상의 아주 사소한 변화라면 한순간의 위화감으로 끝나겠지만,

위화감이 너무 강하면 적응 과정에 나름의 시간과 에너지를 필요로 합니다.

예를 들어 이제껏 한 번도 만난 적이 없었던 타입의 사람이라면 강한 위화감을 갖게 되어, 처음에는 누구나 불편한 느낌을 받을 수 있습니다.

하지만 이는 익숙해지면 아무렇지도 않을 불편함입니다.

익숙하지 않은 것들에 대한 불편 의식은 '가짜 불편함'이라고 해도 좋을 특성을 지닙니다. 실체를 알거나 익숙해지면 자연히 더는 불편하지 않게 됩니다.

'첫인상은 최악이었는데, 나중에 알고 보니까 의외로 괜찮은 사람이었다.'라는 일이 이따금 있습니다. 결혼 상대에 대해서도 그렇습니다. 처음에는 '그런 사람과는 절대 결혼하지 않을 거야!'라고 마음먹었지만, 만남을 통해 이상적인 상대라는 사실을 깨달아 결혼까지 했다더라는 이야기가 종종 들리지요.

가짜 불편한 마음을
안다는 것

익숙하지 않은 것들에 대한 위화감은 가짜 불편함이기에 익숙해지면 더는 불편하지 않습니다.

따라서 꼭 극복해야 할 문제로 진지하게 여길 필요 또한 없습니다. 그것이 '가짜 불편함'이라는 사실만 알고 있으면 됩니다. 머지않아 익숙해지기 마련이니까요.

다만 진짜와 가짜 불편함을 구별하는 일은 매우 중요합니다.

왜냐하면 단순히 거짓 불편함일 뿐인데, 불편 의식을 강하게 느끼면 '익숙해질' 수 없기 때문입니다.

시간이 흐르면 대개는 익숙해진다

어른들이 젊은 세대의 패션에 익숙해지고, 휴대폰 활용이 불편하다던 사람이 폰 없이는 살아갈 수 없게 되듯이 인간은 실로 많은 일에 익숙해지는 동물입니다. 처음에는 충격을 받아 '말도 안 돼!'라고 생각하지요. 하지만 이면의 속사정을 알게 되고, 그 환경에 발을 담그게 되면 익숙해지기 마련입니다.

사람은 기본적으로 모든 변화를 극복할 수 있습니다.

이에 필요한 시간이나 에너지는 사안에 따라 다르겠지만, 결국에는 그 변화를 감당해 내는 것입니다.

원래 인생 자체가 변화로 가득 차 있습니다. 인생은 변화에 대한 적응과 새로운 도약의 연속인 셈이지요.

왜 끝내 익숙해지지 않는 걸까?

그런데 처음부터 불편 의식을 강하게 느끼면 좀처럼 익숙해지기 어렵습니다.

상대방을 '불편한 마음'이라는 안경을 통해 바라보니까, 실제 상대가 제대로 보이지 않는 것입니다.

누군가에게 익숙해진다는 것은 실제로 그 상대와 맞부딪혀야만 하는 과정입니다.

하지만 불편한 마음이라는 안경은 투과도가 너무 낮아 실제 상대방의 모습을 가리는 일이 많습니다.

예컨대 이제껏 본 적 없는 타입의 누군가에게 '사람이라면 저럴 수 없어!'라는 위화감과 불편 의식을 강하게 느꼈다면?

불편한 마음의 안경을 쓴 채 상대를 바라보면 그를 볼 때마다 '믿을 수 없어.', '정말 나쁜 사람이네.' 같은 생각이 강해져 안경의 투과도를 더욱 떨어뜨리게 됩니다.

보이는 것은 안경뿐이고 상대의 실제 모습은 거의 보이지 않는 상태에 빠져 버리면 아무리 시간이 흘러도 현실의 상대방에 익숙해질 수 없습니다.

때로는 어떤 충격적인 사건을 겪고 나서야 '아, 그가 사실은 좋은 사람이었구나.', '나쁜 마음이 있었던 게 아니라 열심히 노력했을 뿐이구나.'라는 사실을 깨닫는 경우도 있습니다.

'불편한 마음'이라는 안경이 깨지며 상대의 실체가 제대로 보이는 순간이 찾아온 것이지요.

현실을 받아들일 때
모든 게 바뀐다

가짜 불편을 진짜 불편으로 만들지 않으려면 불편한 마음이라는 안경을 내려놓는 노력이 필요합니다. 그런데 의식적으로 하려고 하면 오히려 역효과가 나는 일이 많습니다.

렌즈의 얼룩(컨트롤할 수 없다는 느낌)은 제쳐 두고 불편한 마음에만 스포트라이트를 비추기 때문입니다. 그 결과 불편한 마음의 안경 투과도는 더욱 떨어질 수밖에 없습니다.

그런 이유로 가짜 불편함에 대해서도 '불편한 마음은 불편한 대로도 괜찮다.'라고 받아들이는 게 최선입니다.

이는 곧 아래처럼 생각을 바꾼다는 뜻입니다.

지금 느끼는 불편함은 새로운 상황에 직면했을 때 생기는 위화감일지 모른다. 만약 그렇다면 익숙해지기 위한 적응 과정이 필요할 테니 한동안은 불편한 마음이 계속될 수도 있다. 그 동안은 어쩔 수 없다고 여기자!

사람은 현실을 받아들였을 때 다시 전진할 수 있습니다.

'나는 지금 새로운 환경에 익숙해지는 중이야.'라고 받아들이면 결과적으로 더 빨리 익숙해져 마침내 가짜 불편한 마음을 떨쳐 버릴 수 있습니다.

게다가 불편한 마음이라는 안경에 크게 구애받지도 않게 됩니다. 나는 그저 '과정을 밟아 가는 중'이라고 이해하게 되면 상대가 아무리 불편하게 느껴져도 그것 자체에 큰 의미가 없다는 사실을 알기 때문입니다.

가짜 불편함을 익숙함의 문제라고 생각하면 쓸데없는 일에 에너지를 낭비하지 않을 수 있습니다.

이와는 달리 '지금 당장 마음을 고쳐먹고 받아들여야 해!'라며 적응 과정을 가볍게 여긴다면 꽤나 무리가 따릅니다.

스스로에게 너그럽다는 것은 상대에게 너그러워지는 일이기도 한데(90쪽), 반대의 경우도 마찬가지입니다.

지금 당장 받아들여야 한다고 생각하면 오히려 상대의 싫은 점만 더 많이 눈에 들어올 것입니다. 다시금 말씀드립니다만, 불편한 마음은 불편한 대로도 괜찮습니다.

서로 다른 사람이 서로를 알고 맞춰 가는 데는 나름의 과정과 시간이 필요한 법입니다. 그때까지는 현실을 있는 그대로, 보이는 그대로 받아들이되 거기에 얽매이지 않는 태도가 중요합니다.

서로의 영역을 존중하며, 서두르지 않고 차근차근 인간관계를 쌓아 가는 것이지요.

그저 익숙하지 않아서 불편한,

가짜 불편한 마음도 있다

이유 없이 싫은 사람에
대처하는 법

가짜 불편한 마음 중에는 검증되지 않았기 때문에 불편한 경우도 있습니다. 이는 '먹어 보지도 않고 싫어하는' 것과 비슷합니다.

여태 맛을 본 적이 없는데도 '맛이 없을 게 분명해.'라며 단정 지어 버리지요. 그러고는 섣부른 믿음 때문에 맛을 보려는 시도조차 하지 않습니다.

이런 현상은 사람에게도 일어납니다.

불편한 이유 | 인사해도 받아 주지 않는 동료가 불편하다.

상대와 소통이 잘 안 되는 것은 컨트롤할 수 없다는 느낌을 받기 쉬운 부류 중 하나였지요. 여기에 비추어 보면 인사를 받아 주지 않는 동료는 분명 불편한 존재일 것입니다.

속사정을 알면 불편함이 사라지는 이유

그런데 동료가 왜 인사를 받아 주지 않는지, 앞의 당사자는 과연 그 진짜 사정을 알고 있을까요?

일례로서 인사를 받아 주지 않는 동료에게 실은 사회 불안 장애 social phobia(대인 불안이 강하게 나타나는 증상)가 있을 수도 있습니다. '인사해야 해!'라며 죽을힘을 다해 생각해도 긴장감이 너무 큰 나머지 인사하지 못하는 상태인 것이지요.

혹은 말을 더듬는 등의 증상이 있어 '말하는 게 서툴다.'라는 의식이 강해 입을 꾹 다무는 경향이 있는지도 모릅니다.

상대의 이러한 사정을 알면 불편 의식은 훨씬 줄어듭니다.

왜 인사를 받아 주지 않는지, 그 이유만 알아도 막연함이 사라지기 때문입니다. 오히려 '얼마나 힘들까……'라는 마음이 들기도 하지요. 더욱이 상대가 "늘 인사를 제대로 받아 주지 못해 미안해."라며 속사정을 말해 준다면 또 어떨까요? 이는 실질적인 소통이 이루어진 셈이라서 불편 의식은 거의 사라집니다.

이 정도까지 본인의 속사정을 말해 주면 그 상대를 어떻게 받아들여야 할지가 명확해지기 때문입니다.

상대방 입장이 충분히 이해되는 상황인 것입니다. 이때는 "인사

못 해도 괜찮아. 나는 앞으로도 인사하겠지만, 너는 굳이 안 해도 돼. 그러니까 너무 마음 쓰지 마."라며 따뜻하게 대해 주면 좋을 테지요. 여기에 컨트롤할 수 없다는 느낌은 없습니다.

일단 가짜 불편한 마음으로 분류하기

상대가 왜 인사를 받아 주지 않는지는 상대방 영역의 문제입니다. 그 이유를 알 기회가 좀처럼 없을지도 모르지만, 당장에 진짜 속사정을 모른다는 측면에서는 '가짜 불편한 마음'으로 분류할 수 있습니다.

속사정을 안다 해도 피차일반 의식이 없는 등 상식이 통하지 않는 상대일 가능성은 남지만, 아직 검증된 것은 아닙니다.

그런 이유로 인사를 받아 주지 않는다는 사실에 불쾌감이 느껴지더라도 이를 검증되지 않은 '가짜 불편함'으로 분류해 두는 게 좋습니다. '아마 무슨 사정이 있을 거야.'라는 식으로요.

이렇게만 해도 컨트롤할 수 없다는 느낌에서 상당히 벗어날 수 있습니다.

상대의 속사정을 알면
평가도 달라진다

불편한 이유 | 항상 '뭐든 괜찮아.'라며 자기 의견이 전혀 없는 친구가 거슬린다.

이 경우 상대방이 의존적인 유형이라면, 본인 선택을 이쪽으로 떠넘기는 상황이므로 영역 침범에 해당합니다.

하지만 어쩌면 정말 '뭐든 괜찮은' 사람일지도 모릅니다.

매사에 이렇다 할 호불호가 없고 그저 함께 시간을 보낼 수 있다면 그걸로 충분하다는 사람도 있는 법입니다. 혹은 상대에게 선택권을 주는 게 배려라고 생각할 수도 있고요.

상대가 어떤 유형의 인간인지 모른 채 '자기 의견이 전혀 없다.'라고 단정 지으면 불편 의식이 생겨납니다.

그런데 이야기를 들어 봤더니 '딱히 호불호가 없고, 뭐든 좋아하고, 상대와 함께할 수 있으면 그만이다.'라는 속사정을 알게 된다면 평가도 달라지겠지요. 그 자체가 하나의 성향일 뿐 자기 의견이 없는 게 아니라는 점을 이해할 수 있습니다.

또한 상대에게 선택권을 주는 것을 배려로 여기는 사람이라고 해서 자기주장이 없지는 않습니다.

둘 중 어느 유형이든 '뭐든 좋다.'라는 태도의 배경을 이해하면 그것만으로도 불편 의식은 줄어듭니다.

그래도 상대가 태도를 바꿔 주기를 바란다면 내 생각을 밝혀도 좋습니다. 예컨대 이런 식으로 말이지요.

"딱히 호불호가 없는 건 좋은데, 너도 가끔은 결정 좀 해. 매번 결정하려면 나도 부담되니까."

"배려해 주려는 마음은 알지만, 네 취향도 알아야 더 친해지지! 그러니까 앞으로 한 번씩 번갈아 가며 정하는 게 어때?"

익숙하지 않은 불편함은 상황을 지켜본다

익숙하지 않은 것, 제대로 검증되지 않은 것들은 모두 가짜 불편한 마음으로 분류할 수 있습니다. 이는 진짜 불편함과는 다릅니다. 사정을 알게 되면 더는 신경이 쓰이지 않고, 오히려 상대를 좋아하게 될 가능성도 있습니다.

시간이 흐르면 익숙해지는 '가짜 불편한 마음'의 경우에는 어려운 노력이 필요하지 않습니다.

'이건 가짜 불편한 마음이야. 익숙해지면 아무 문제없어.'처럼 가벼운 마음으로, 당장은 '불편한 마음은 불편한 대로도 괜찮아.'라고 여기며 스스로를 긍정하는 것으로 충분합니다.

한편으로, 가짜 불편 의식을 나중에 알고 봤더니 진짜 불편함인 경우도 있을 것입니다. 또한 검증되지 않은 불편함에는 남에게 털어놓기 어려운 사정도 있을 텐데, 이를 시간에 맡겨 둔다고 한들 속사정을 알 날이 온다는 보장은 없습니다.

이럴 때는 4단계부터 다루게 될 '불편 의식 대처법'을 따르는 게 좋은 방향으로 이끌어 줄 것입니다.

3단계 핵심 정리
가짜 불편 의식을 다루는 법

1

사람은 익숙하지 않은 일과 상황을
불편하다고 믿는다.

2

불편하다고 믿고 있을 뿐일 때
가짜 불편한 마음이 생긴다.

3

처음에 불편 의식을 강하게 가지면
이후에도 좀처럼 '익숙해지지' 않는다.

4

상대의 속사정을 알면 불편 의식이 줄어든다.

5

익숙하지 않은 것들에 대해 단정 짓지 말고
일단 가짜 불편한 마음으로 분류한다.

싫은 감정이 사라지는
'스루 능력' 활용법

– 단정 짓지 않으면 화도 나지 않는다 –

컨트롤 감각을 기르는 데

무엇보다 중요한 것은

그냥 흘려버리기,

즉 스루through 능력입니다.

컨트롤
감각을 익히자

앞의 단계에서 컨트롤할 수 없다는 느낌이 불편한 마음의 실체라는 사실을 살펴보았습니다. 불편한 마음에서 자유로워지려면 본질적으로 컨트롤할 수 없다는 느낌을 없애야 한다는 점을 이해했을 것입니다.

우리는 무슨 일이 일어나고 있는지 잘 모를 때, 그리고 불편한 현실을 인정하고 싶지 않을 때 컨트롤할 수 없다는 느낌을 강하게 받습니다. 그런 이유로 불편한 마음의 실체가 무엇인지를 이해하고 '불편한 마음은 불편한 대로도 괜찮다.'라며 현실을 받아들임으로써, 굳이 없어도 되는 컨트롤할 수 없다는 느낌을 줄이는 방법에 대해 설명했습니다.

지금부터는 한 걸음 더 나아가 '컨트롤 감각을 몸에 익히는' 적극적인 접근법을 알아보겠습니다.

세상을 살면서 우리는 온갖 일로 마음의 상처를 받습니다.

그 대부분은 사람들에게서 비롯되지만, 이것은 나의 문제가 아니라 상대방의 문제일 때가 많습니다. 그러니 나만이 속으로 마음 아파할 이유는 없습니다.

다만 사람에게서 상처를 받지만, 삶의 즐거움 또한 사람에게서 얻게 되지요? 그들과의 관계를 잘 컨트롤함으로써 불편한 마음은 사라지고, 반면에 행복의 기회는 늘어날 것입니다.

컨트롤 감각이 중요한 이유는 바로 여기에 있습니다.

'어떻게든 할 수 있어!'라는
감각을 기르자

불편한 마음을 흘려보내는
스루 능력

테니스를 예를 들어 설명해 보겠습니다.

무턱대고 아무 방향으로, 그것도 라인을 벗어나는 공마저 계속 쳐대는 사람과 테니스를 친다고 상상해 보기 바랍니다.

'어떤 공이든 다 받아낼 거야!'를 목표로 삼는다면 여하튼 이리저리 열심히 뛰어다녀야 합니다. 라인 밖으로 벗어날 공은 굳이 받지 않아도 되지요? 하지만 이런 공까지도 살려 보겠다며 동분서주합니다. 그러는 중에 코트 중앙은 비게 마련이라서, 반대편으로 날아오는 다음 공에는 손을 대지 못합니다.

테니스 코트를 녹초가 되도록 뛰어다닌 것치고는 제대로 받아낸 공이 몇 개 되지 않습니다. 결국 '나는 테니스를 잘 못 쳐…….'라는 자책으로 이어지곤 합니다.

반면에 뛰어난 선수라면 위치 선정부터가 다릅니다. 그는 미리

가늠한 정위치에 자리 잡아 상대방의 타구를 읽습니다.

'이 공은 아웃될 거니까 받으려고 뛰어가지 않아도 돼.'

'이건 코트 안으로 떨어지고 충분히 받을 수 있는 공이니까 제대로 받아치자!'

'이번 공은 날카로워서 도저히 무리. 뛰어 봤자 소용없어. 놓친다 해도 승부에 큰 영향은 없을 거고.'

이런 식으로 상대의 공을 읽는다면 코트를 최소한으로 뛰어다녀도 됩니다. 대개는 정위치에 자리 잡고 있으니 받아칠 수 있는 공도 더욱 늘어나지요.

요컨대, 반드시 모든 공을 다 받아 내겠다며 경기를 컨트롤하는 게 아닙니다. 그럼에도 온갖 공에 라켓을 휘둘러 대는 것보다 훨씬 게임을 내 것으로 만든다는 감각이 듭니다. 그 결과 '나는 테니스를 잘 못 쳐.' 같은 자책으로 이어지지 않고, 경기에 이길 확률도 높아질 것입니다.

전체를 내 것으로 만드는 컨트롤 감각

사소한 일을 일일이 컨트롤하기보다 '전체를 내 것으로 만들어 간다.'는 마음가짐을 '컨트롤 감각'이라 부르겠습니다.

테니스를 예로 보자면, 불필요한 공을 잡으러 뛰어가지 않는 데

더해 '어떤 공이 와도 받아낼 수 있다.'라는 마음의 준비가 되었다면 이게 바로 '내 것으로 만들어 가는' 감각입니다.

2단계에서는 이러한 감각을 '뭐, 어떻게든 되겠지.'라고 표현했습니다만, 현 상황을 내가 주도해 '어떻게든 되겠지.'라고 받아들이는 자세야말로 컨트롤 감각이라고 할 수 있습니다.

불편한 마음을 떨쳐 버리려면 컨트롤 감각을 익히는 게 중요합니다. 이 감각은 '컨트롤할 수 없다는 느낌'의 정반대 쪽에 있는 느낌입니다.

컨트롤할 수 없다는 느낌에 휩싸여 있을 때는 내 것으로 만들어 간다거나 '뭐, 어떻게든 되겠지.'라는 감각은 잡을 수 없습니다.

스루 능력으로 컨트롤 감각을 기른다

스루 능력이란 불편한 마음이 들게 하는 것들을 그냥 '흘려보내'through(~를 통해, ~를 지나) 내 시야에서 지우는 힘입니다.

컨트롤 감각을 기르는 데 무엇보다 꼭 갖춰야 할 게 스루 능력입니다.

이는 결코 불편한 것들을 보지 않으려 애쓰는 것도, 불편하지 않은 척하는 것도 아닙니다.

1단계에서 살폈듯이 불편 의식은 나 자신이 있는 그대로 있을 수 없을 때와 깊은 관계가 있습니다.

따라서 불편하지 않은 척, 보고도 못 본 척하며 있는 그대로의 나를 부정하는 태도를 취한다면 불편 의식을 극복했다고 할 수 없을뿐더러 '~인 척하는' 자체가 불편한 마음을 키웁니다.

나 자신이 있는 그대로 있을 수 있고, 어떤 상황에서도 편안하게 '스루'할 수 있으며, 어떤 것에도 불편한 마음을 느끼지 않을 때 강력한 컨트롤 감각이 생겨납니다.

컨트롤 감각을 갖춘 후에는 실제로 상대를 내 편으로 만드는 방법도 살펴볼 텐데, 항상 기본이 되는 게 스루 능력입니다. 아무쪼록 이 단계를 빠뜨리지 않고 읽기 바랍니다.

상황이 이해되면
더는 불편하지 않다

1단계에서 "너는 이런 거 싫어하잖아!?"라며 제멋대로 단정 짓는 일은 영역 침범이라고 설명했습니다.

실제로 누군가가 이렇게 단정 지으면 불쾌한 마음이 들곤 합니다. 이는 곧 불편 의식으로 이어집니다.

하지만 똑같은 단정이라도 "맞아! 별걸 다 아네. 역시 오래된 친구답군."이라는 생각이 들 때도 있을 것입니다.

영역 침범으로 느껴질 때와 그렇지 않을 때, 이 두 가지 반응의 차이는 왜일까요?

믿음이 가는 오랜 친구가 "너는 이런 거 싫어하잖아!?"라고 말할 때 우리는 '나를 잘 알고 있다는 증거'로 마음속에서 규정합니다. '이 친구라면 나를 잘 알 거야.'라는 기대가 애초부터 있기에 퍼즐 조각이 딱 들어맞는 것이지요.

마치 그 물음이 당연한 것처럼 상황이 이해되니까, 실제로는 내 영역 안의 이야기인데도 영역 침범으로 느끼지 않습니다.

속사정을 알면 대응도 달라진다

유달리 의존심이 강한 지인 때문에 불편한 마음이 드는 경우도 마찬가지입니다.

예를 들어 무슨 일을 할 때 다짜고짜 "이거 어떻게 하면 돼요?"라고 물어보는 후배가 실은 얼마 전 업무에서 큰 실수를 해 상사에게 호되게 혼난 일이 있었다면 어떨까요?

상사에게서 "네 마음대로 판단하지 마. 다음에 또 실수하면 잘라 버릴 거니까!"라는 질책을 들었다면 말이지요.

만약 이 사실을 알게 된다면 불편 의식과는 다른 마음이 들 것입니다. 그 같은 사정이 있었다면 스스로 판단하지 않고 다른 사람의 조언을 구하는 게 이해될 테니까요.

"나도 함께 생각해볼 거니까 너무 걱정하지 말고 소신껏 처리해."라는 조언을 해줘야겠다는 생각이 들 수도 있고요.

또는 상대가 최근 우울증이 심해 매사에 자신이 없는 상태라는 사실을 알게 된다면 그에게 의존심이 강하다고 흉보거나 불편하게 여기기보다는 "마음 편하게 생각하고 뭐든 물어봐."라는 말을 건네고자 하는 게 인지상정일 것입니다.

요컨대 '그런 상황에 놓이면 누구든 그렇게 할 테지.'라는 생각에 퍼즐 조각이 딱 들어맞아, 더는 아무런 불편함을 느끼지 않게 되는 이치입니다.

퍼즐 조각이 딱 들어맞는다는 것

차별 의식을 가진 상대를 대하는 경우도 비슷합니다.

단순히 차별하기 좋아하는 사람이라고 여기면 그는 불편한 상대일 뿐입니다.

하지만 그에게 차별 의식이 생기기까지의 인생 배경 이야기를 들을 기회가 있다면 상황은 달라질 수 있습니다. '저런 경험을 했으니 어쩔 수 없었을 거야.'라며 납득이 되는 식입니다.

이 또한 퍼즐 조각이 딱 들어맞는 일입니다.

그리고 차별에는 '가짜 불편한 마음'이라는 측면도 있습니다.

사람은 잘 모르는 상대를 차별적으로 대하기 쉽습니다. 처해 있는 상황이 다를 뿐 상대도 나도 똑같은 사람이라는 의식이 없으면 아무래도 인권 감각이 둔해지기 마련이지요. 따라서 상대에 대해

상대의 상황이 이해되면

불편 의식은 줄어든다

아무것도 모르는 제삼자가 차별적인 말을 했을 때 '그에 대해 전혀 모르니까 저런 말을 하는구나.'라는 생각이 든다면 이 또한 퍼즐 조각이 딱 들어맞는 예가 됩니다. 왜 그런 말을 했는지가 충분히 이해되기 때문입니다.

그 결과 차별을 긍정할 수는 없어도 '저런 식으로 차별하다니 그러고도 사람이야?' 같은 강렬한 위화감, 즉 불편 의식으로 이어지는 일은 없습니다.

무슨 일이든 다른 사람의 속사정을 알게 되면 그만큼 그에 대한 불편 의식은 줄어듭니다.

누구에게나
나름의 사정은 있다

여기까지는 상대의 사정을 알 수 있는 경우의 이야기였습니다만, 현실에서는 자세한 사정을 모를 때가 많습니다.

더욱이 불편하게 느껴지는 사람들과는 대개 정신적 거리감도 멀어 그 진짜 배경을 잘 모르는 편이지요.

하지만 자세한 속사정을 몰라도 '무슨 사정이 있다.'라는 점은 분명하다고 봐도 좋습니다.

성큼성큼 끼어드는 사람의 속사정

예를 들어, 기본적으로 영역 문제를 안고 있는 사람은 본인 또한 영역을 존중받지 못하며 자란 경우가 많습니다.

단정 짓는 말투 외에는 인간관계 요령을 잘 모르거나, 다른 사람의 안색을 줄곧 살펴야 하는 환경에서 '타인의 영역을 존중한다.', '내 영역에 책임을 진다.'라는 개념을 갖추지 못한 채 성장했을 가능성이 큰 것입니다.

비상식적인 행동을 일삼는 사람의 속사정

상식이 통하지 않는 사람은 상식이 딴판인 환경에서 자라났거나, 오히려 상식을 잘 따랐던 탓에 마음에 큰 상처를 입은 사람일지도 모릅니다.

예컨대 '상대에게 정성껏 대하면 대다수 사람은 그에 호응해 준다.'라는 상식이 우리에게는 있습니다. 하지만 누군가에게 잘해 주고도 호되게 당한 경험이 있는 사람은 아무래도 이 상식을 따르는 게 다소 어려울 것입니다.

한편으로 충격적인 언행을 자주 하는 사람은 발달 장애 같은 이유로 애당초 분위기를 읽거나 타인의 마음을 상상해야 하는 공감 능력에 결정적인 문제가 있기도 합니다.

세상의 상식을 지키기 위해 아무리 노력해도 분위기를 읽는 힘, 다른 사람의 마음을 상상하는 능력이 없다면 본인은 잘하고 싶어도 잘할 도리가 없습니다.

말이 통하지 않는 사람의 속사정

타인과 소통이 잘 안 되는 사람은 양질의 커뮤니케이션을 경험하지 못한 채 자란 경우가 일반적입니다.

가정 배경 때문일 수도 있고, 어느 정도 선천적으로 자신의 기분을 말로 표현하는 데 서툴 수도 있습니다. 혹은 '사람들과의 소통에는 가치가 있다.'라는 상식이 없을지도 모릅니다.

다른 사람에게 속마음을 털어놓았다가 크게 당한 경험 때문에 으레 본심을 감추게 되었을 수도 있고요.

불편한 마음이 드는 상대, 즉 컨트롤할 수 없다는 느낌을 갖게 되는 사람에게는 지금의 상태에 이르기까지 무언가 사정이 있는 법입니다.

각자의 자세한 사정을 다 알 수는 없습니다만, 무슨 사정이 있을 것이라는 점은 누구에게나 해당합니다.

'뭔가 사정이 있을 거야.'라는

시선으로 바라보기

일단 흘려버리고 나서, 작전을 짠다

상대의 불편한 말, 행동에 대해 '무슨 사정이 있을 거야.'라고 여기는 일은 그 자체가 '스루 능력'에 해당합니다.

상대로 인해 불편한 마음이 신경 쓰일 때 우리 머릿속에는 '물음표'가 먼저 떠오릅니다.

'어떻게 저런 행동을 할 수 있지?'

'도대체 무슨 생각을 하는 거야?'

'왜 말이 안 통할까?'

이러한 의문이 그대로 컨트롤할 수 없다는 느낌으로 이어집니다. 그럴 때 한번 이렇게 생각해 보기 바랍니다.

'아마 뭔가 사정이 있을 거야.'

'이야기를 들어 보면 납득이 될 테지.'

'그래도 예민한 문제이니까 지금은 물어보지 말자.'

자세한 사정을 알 수 있는 날이 올지 어떨지와는 별개로, 이는 실질적으로 더는 '이해할 수 없는 일'이 아닌 게 됩니다.

세상에는 말 그대로 이해가 불가능한 일은 없어서 뭐든 자세히 알게 되면 '그래서 그랬구나.'라고 납득되는 저마다의 사정이 숨어 있습니다.

이때 납득한다는 것은 '내 것으로 만든다.', 즉 컨트롤 감각을 갖게 된다는 뜻입니다. 이것이 스루 능력의 기본입니다.

상대에게 무슨 사정이 있어서 지금은 저렇게밖에 행동할 수 없다는 전제하에 사안을 받아들이는 것이지요.

예컨대 인사하지 않는 후배를 억지로 인사하게 만드는 일처럼 상대의 행동 자체를 컨트롤하려고 해봤자 생각처럼 안 되는 게 당연합니다. 그런데도 '어떻게 해야 인사 좀 잘하게 만들지?'라며 컨트롤하려니까 컨트롤할 수 없다는 느낌이 생겨나고 불편 의식으로도 이어집니다.

그냥 흘려버리는 것도 하나의 방법

앞의 테니스 예를 떠올려 보기 바랍니다.

상대의 모든 공을 받아 내려고 뛰어다니면 휘둘리기만 할 뿐 경기는 제대로 풀리지 않습니다. 인간관계도 다를 게 없습니다. 저마다 사정이 있는 상대에게 '이렇게 행동해야 한다.'라고 요구하는 일은 어떤 공이든 다 받겠다고 마음먹는 것과 같습니다.

"그런 행동은 좋지 않아.", "그것도 못 해?"라며 상대에게 일일이 지적을 일삼는 태도는 아웃이 될 공을 받으러 뛰어다니는 것과 매한가지입니다. 결과는 뻔합니다. 끝내 상대를 컨트롤할 수 없다는 피로감만 잔뜩 남을 것입니다.

'이렇게까지 하는 데는 그럴 만한 사정이 있겠지.'

'그런 사정이 있으니까 저렇게 행동하는 것도 무리는 아니지.'

이러한 생각은 '이건 어차피 아웃될 공이니까 그냥 내버려 두자.'라고 판단하는 것과 같습니다. 공은 포기하더라도 상황에 대한 컨트롤 감각은 유지하게 되는 것이지요.

그러고 나서 본인은 정위치에 자리 잡은 채 '받아 낼 가치가 있는 공'을 받으면 됩니다. 즉, 개선될 여지가 있는 일에만 신경 쓰는 것입니다.

그런데 여기에 동의하지 않는 분도 있을 듯합니다.

상대는 테니스공이 아닌 사람이기에 그냥 '스루'할 게 아니라 그의 행동을 일깨워야 한다는 것이지요. 그렇지 않으면 사람들에게 인사하지 않고, 거만하게 대하는 등의 부적절한 행동을 용납하겠다는 뜻이 아닌가?, 라고요.

변하지 않는 상대에게 잔소리를 참지 않거나 짜증 나는 시선으로 바라보는 사람에게는 그런 마음이 있을 것 같습니다.

하지만 흘려버린다는 것은 내 쪽의 정신적인 자세에 관한 이야기입니다. 실제로 상대의 모든 언행을 너그럽게 봐준다거나 일절 바꾸려고 하지 않는다는 의미가 아닙니다.

구체적인 요령은 뒤에서 다시 설명할 텐데, 핵심은 이렇습니다.

'일단 흘려버리고 난 후에, 작전을 짠다.'

좀 더 명확하게 표현하자면, 우선 전반적인 컨트롤 감각을 가지고 난 후에 개별 대책을 세우는 것입니다. 일단 '스루'하고 나서 실제로 어떻게 할 것인지를 고민하면 됩니다.

상대의 언행에 즉석에서 대응하면 불편함에 맞서는 꼴이 되어버립니다. 그러면 불편한 마음이라는 안경의 영향을 받는 등 컨트롤할 수 없다는 느낌 속에서 대응하게 되고, 결국 감정이 앞서서 대응마저도 컨트롤하지 못하는 상황에 빠지고 맙니다.

정리하자면 일단 '스루'해서 컨트롤 감각을 유지한 후에 '자, 이제 어떻게 요리해 줄까?'로 넘어가는 게 포인트입니다.

당장의 상황을 컨트롤하려면 무엇보다 컨트롤 감각이 있어야 합니다. 이는 처음부터 "이것도 저것도 다 바꿔야 해!"라며 상황을 컨트롤한답시고 패닉에 빠져 있는 것과 비슷한 듯하면서도 실상은 전혀 다릅니다.

이는 마치 두더지 잡기 게임과도 같습니다. 아무리 두들겨도 두더지는 계속 튀어나와 그 자체가 컨트롤할 수 없다는 느낌으로 이어집니다.

어떤 두더지를 두들길지 판단해 가장 효과적인 방법으로 두들겨야 하는데, 구체적인 요령은 5단계에서 말씀드리겠습니다.

사람은 바뀔 준비가
되었을 때 바뀐다

처음부터 상황을 컨트롤하려고 하면 컨트롤할 수 없다는 느낌만 커진다고 설명했습니다만, 꼭 알아야 할 게 있습니다. 애당초 인간은 '타인을 바꿀 수 없다.'라는 사실입니다.

누군가의 현재 모습은 그 나름의 사정의 결과물입니다. 이를 뛰어넘어 갑자기 다른 인격으로 바꿀 수는 없습니다.

게다가 사람은 다른 누군가가 자신을 바꾸려는 것에 대체로 저항합니다. 본인의 현 상태를 부정하고 바꾸려는 행동을 공격으로 받아들이는 것이지요. 이때 자신을 지키기 위해 보이는 기본 반응은 방어입니다.

상대를 바꾸려고 하면 그는 점점 고집불통이 되어 변하지 않습니다. 변하기는커녕 반발해 오는 등 문제가 생기는 일도 많습니다.

타인을 바꿀 수는 없다

인간은 진취적이고 성장하는 존재라서 바뀔 수는 있습니다.

하지만 이는 각자의 사정 속에서 적절한 타이밍이 되었을 때 가능한 일입니다.

일반적으로, 사람은 바뀔 준비가 되었을 때 바뀝니다.

그 사람의 변화는 자신의 영역 내에서 자연스러운 형태로 일어날 따름입니다.

만약 그렇지 않은 시기에 나의 사정 때문에 상대를 바꾸려고 한다면 이야말로 영역 침범이지요. 이때 상대방이 방어에 나서는 것은 당연하고, 그 결과 방어하는 데 에너지를 써버려 변화를 향해 나아갈 여력은 줄어들게 됩니다.

스루, 즉 흘려버린다는 것은 이 같은 사고방식에 기초합니다. 핵심을 요약하자면 이렇습니다.

사람은 그가 바뀔 타이밍이 되어야만 바뀐다. 억지로 바꾸려고 하면 오히려 반발을 불러와 역효과를 초래한다.

→ 지금 상대를 바꾸려고 해도 의미가 없다. 때가 되면 바뀌겠지, 라고 생각한다 ＝ 스루한다.(그냥 흘려버린다.)

사실 일상에서 많은 어른들이 젊은이들에 대해 이 같은 '스루 능력'을 발휘합니다. 아직 어려서 현실을 잘 모르는 탓에 그들의 미숙한 태도가 잘못됐다는 사실을 알면서도 "아직 어리니까."라며 그냥 넘어가는 것입니다.

한편으로 젊은이들은 현실에서 다양한 경험을 쌓으며 차츰 변화합니다. 어른들이 그냥 넘겨준 덕분에 그렇게 성장할 여지가 생겼다고도 할 수 있습니다. 어른들이 사안마다 그냥 넘어가지 않고 대뜸 인격을 부정하는 듯한 태도를 보였다면, 젊은이들은 성장에 필요한 기본적인 자신감조차 잃었을지 모릅니다.

젊은이들이 미숙한 태도를 보일 때 어른들은 컨트롤할 수 없다는 느낌을 받으며 그들을 불편하게 여길까요? 그렇지 않습니다.

"뭐, 아직 어리니까."라며 처음부터 컨트롤해야 할 대상으로 삼지 않는 것입니다.

스루 능력이란 이러한 관점을 모든 사람에게 적용해 가는 것입니다. '어차피 지금은 안 변할 테니까.'라며 흘려버리는 거지요.

내 기분을 무리하게 컨트롤하려고 하지 않는다

마음속 상처 때문에 불편 의식을 가지는 경우에도 대응의 원칙은 똑같습니다.

2단계에서 '보고 싶지 않은 사람은 보지 않아도 좋다.'라는 선택지에 대해 설명했는데, 이것이야말로 '그냥 흘려버리는' 것입니다. '내 마음이 불편한 사람이라도 꾹 참으며 기분 좋게 대할 수밖에.'라는 태도를 견지하는 한 마음속 상처에서 회복하는 과정은 방해받을 수밖에 없습니다.

'지금은 이대로도 괜찮아. 상대와 마주하면 서로 불편해질 수 있으니 거리를 두자. 그가 신경 쓰이지 않도록 노력하는 거야. 시간이 좀 지나서 내가 안정되면 서서히 다가가도 돼.'

이렇게 생각할 수 있다면 인간관계의 컨트롤 감각을 익히는 일도 틀림없이 가능할 것입니다.

바뀌지 않는 상대를
받아들이려면

'그에게도 사정이 있을 테니 당장에 바뀌기는 어려울 거야.'

이게 머리로는 이해되지만, 감정이 따라주지 않을 때가 많습니다. 특히 상대가 부모님처럼 가까운 사이라면 '바뀌어 주었으면' 하는 마음이 강했을 것이고, 그런 생각을 품어온 세월도 짧지 않을 테지요. 어린 시절부터 '부모님에게 사랑받고 싶다.', '다정한 부모였으면 좋겠다.' 같은 감정을 속으로 삭여야 했듯이.

이때 이치로는 '부모님에게도 사정이 있으니까 내가 원하는 모습으로 바뀔 수는 없다.'라는 사실을 이해하면서도, 해소되지 않은 감정은 남습니다. 인간으로서 당연한 일입니다.

예컨대, 사람은 친했던 이가 세상을 떠나거나 혹은 원하지 않는 이별을 겪게 되었을 때 슬픔의 과정을 거쳐야 합니다.

사별이든 연인과의 이별이든 슬픔이 아무런 대가 없이 저절로 사라지는 일은 없습니다. 내향적이 되고, 이런저런 감정을 느끼며 상실에 따른 마음속 상처가 치유되는 거지요. 그럼으로써 멀리 떠나간 그와의 관계를 재구축하고, 현재 자신의 생활 속 사람들과 일상에 차츰 마음을 열어 갑니다.

이런 과정을 거치지 않으면 아무리 시간이 흘러도 상실을 받아들이지 못하고, 현재의 생활에 마음을 열 수도 없습니다.

상대가 바뀌어 주기를 포기하는 것은 사별, 이별과는 다릅니다. 하지만 '내가 원하는 환영 속의 그'와 헤어진다는 의미에서는 역시나 상실의 의식을 치러야 합니다.

당장에 내 마음을 고쳐먹을 필요도, 그렇게 하기도 어렵습니다.

문득문득 '왜 우리 부모님은 이럴까?', '왜 우리 부모님만 바뀌지 않는 걸까?'라는 아쉬움이 들 테지요.

하지만 그런 생각이 들 때마다 '부모님의 사정을 감안하면 그게 한계일 거야.'라는 인식으로 돌아올 수 있다면 크게 방향을 잃는 일 없이 '슬픔의 과정'을 밟아 나갈 수 있습니다.

이별의 슬픔은 충분히 슬퍼야만 다시 제자리로 돌아올 수 있듯이 너무 조급하게 여기거나, 지금 부모님을 이해하지 못하는 스스로를 탓할 일도 아닙니다.

이는 누군가와 사별한 후 '왜 돌아가셔야만 했을까?', '영영 못 보는 걸까?'라는 마음이 사무칠 때 '이제는 정말 이 세상에 없구나.'라는 생각으로 돌아가 현실을 받아들이는 것과 같습니다.

이러한 과정의 원점은 '부모님은 바뀌지 않는다.'라는 현실을 깨닫는 것, 그리고 '이치로는 이해되는데…….'라는 부분을 마음으로도 받아들이는 데 있습니다.

'그는 틀림없이 바뀔 거야.'라는

믿음을 버린다

감정적으로는
받아들일 수 없을 때

　부모님에 대한 바람을 떨쳐 버리기 어렵다는 것은 다들 공감할 법한 이야기입니다.

　그런데 부모님처럼 가까운 관계가 아닌데도 감정적으로 좀처럼 받아들이지 못할 때가 있습니다.

　예를 들어 지하철에서 화장하는 사람. '저런 상식을 가진 데는 나름 사정이 있을 거야.'라며 머리로는 이해해 보겠지만, '그래도 용납할 수는 없어!'라는 마음이 드는 경우입니다. 볼 때마다 불쾌해지는, 내 감정이 컨트롤이 안 되지요.

　내게 실제로 무슨 피해를 주는 상황도 아닌데, 그처럼 강렬한 감정을 떨쳐 버리지 못하는 것은 어째서일까요? 이는 어떤 형태로든 마음속 상처가 자극받기 때문입니다.

이런 현상은 엄격하게 자란 사람 등에서 흔히 보입니다.

아마도 그는 주위의 엄한 평가 속에 '사람은 마땅히 그래야 한다.' 같은 윤리 규범을 강요받으며 자랐을 가능성이 큽니다.

'나는 좋은 사회인이 되기 위해 참으며 노력하는데.'라는 마음이 있으면 그것을 너무나 쉽게 짓밟는 사람을 봤을 때 아무래도 감정적으로 되는 것입니다.

내 마음속 상처와 관련한 불편한 마음 대처법은 '보고 싶지 않은 사람은 보지 않아도 좋다.'였지요? 따라서 보고 있으면 화가 치미는 사람은 되도록 보지 않는 게 상책입니다.

또한 사람은 이런저런 일에 익숙해지기 마련이라고도 했습니다. 어떤 광경을 일상적으로 대하면 머지않아 익숙해질 날도 오지 않을까 싶습니다. 무엇보다도 기본은 '불편한 마음은 불편한 대로도 괜찮다.'라는 마음가짐입니다.

'사정이 있을 거라 머리로는 이해하지만, 감정적으로 불편하다.'라고 생각하는 스스로를 수긍하는 데서부터 시작해 보기 바랍니다. 불편함을 느끼는 나 자신을 억지로 바꾸려 들면 컨트롤 감각이 사라져 뭐든 좋을 게 없습니다.

4단계 핵심 정리

컨트롤할 수 없다는 느낌 흘려버리기

1

상대에게 불편함이 느껴질 때면
'무슨 사정이 있겠지.'라며 일단 흘려버린다.

2

흘려버린(스루) 다음에
구체적으로 개선할 방법이 보이면 그때 대처한다.

3

사람은 때가 되지 않으면
바뀌지 않는다는 사실을 이해한다.

4

내 감정을 무리하게 컨트롤하려고 하지 않는다.

5

감정적으로 받아들이기 어렵다면
가급적 그를 보지 않도록 한다.

불편한 상대와
거리를 두는 요령

– 서로의 영역을 지키면 잘 지낼 수 있다 –

정신적으로 거리를 둔다는 말은

상대를 무시하라는 게 아닙니다.

내 영역을 단호하게 지킨다는 의미이지요.

싫은 사람은
가급적 상대하지 않는다

상대는 나름의 사정 때문에 부적절한 행동을 합니다. 그리고 이 것을 갑자기 바꿀 수는 없습니다. 따라서 이를 바꾸고자 스트레스를 받는다면 내게 마이너스가 될 뿐입니다.

앞의 단계를 통해 여기까지는 이해되었을 테지요. 이러한 이해는 나와 가깝지 않은, 그다지 관계없는 불편한 사람에게는 그 자체로 해결책이 되어줄 것입니다.

'그럴 만한 사정이 있을 거야.'라며 흘려버린다.

이 같은 마음가짐이 문제를 해소한다는 의미입니다. 그냥 흘려버리는 작전은 분명 '에너지 낭비'를 줄여 줍니다. 아무것도 하지 않아도 되니까 말이지요. 사례를 통해 알아보겠습니다.

불편한 이유 | 상사의 빈정대는 말투가 싫어 출근이 괴롭다.

이 정도 불편함이라면 '이토록 빈정대는 사람이 되기까지 복잡한 사정이 있었을 테지. 이런 식이라면 딴 데서도 꽤 미움받았을 거야. 그러고 보니 좀 안됐네.'라고 여기면 그만입니다.

유독 내게만 빈정대는 게 아니라, '원래 빈정대는 식으로밖에 말하지 못하는 사람'이라고 생각하면 회사에 가는 게 전보다는 덜 힘들지 않을까 싶습니다.

사람을 편애하는 타입 대처법

불편한 이유 | 내게는 쌀쌀맞게 굴면서 동료인 다른 친구에게는 다정한 선배가 불편하다.

이런 경우는 또 어떨까요?

선배가 누구에게나 차갑게 군다면 '무슨 사정이 있겠지.'라고 생각하면 그만입니다. 하지만 내게 차갑게 굴면서 다른 사람에게는 살갑게 대하는 것을 어떻게 받아들여야 할까요?

이때는 마치 내 쪽에 문제가 있는 것만 같아 사실 그냥 흘려버리기도(스루하기도) 쉽지 않습니다.

어떤 경우든 상대방이 공정하지 않은 태도를 취할 때는 마음속 상처와 관계가 있다고 보는 게 거의 맞습니다.

내 쪽에서 선배에게 상처를 주었다는 의미가 아닙니다. 이는 어디까지나 그의 문제입니다.

예전에 그 선배에게 자신감을 잃게 한 어떤 사건이 있었는데, 이때 생겨난 열등감 따위를 자극하지 않는 사람들하고만 친하게 어울리고 싶어 한다면 어쩔 수 없겠지요.

예를 들어 아첨을 잘하거나 선배의 시시한 농담에도 잘 웃어 주고, 귀여운 척하며 '남자의 자신감'을 갖게 해주는 사람들에게 유달리 호의적인 반응을 보이는 것입니다.

이 같은 상대는 어떻게 대하면 좋을까요?

내게만 업무를 주지 않는 등의 실제 피해가 없다면 '잡다한 사정이 있어 사람을 공평하게 대할 여유나 자신감이 없는 사람이구나.', '자기한테 잘 보이려는 사람하고만 사이가 좋구나.'라며 흘려버리는 게 '에너지 절약'으로 이어집니다. 선배의 썰렁한 농담에 구태여 장단을 맞추지 않아도 되고요.

쌀쌀맞게 대하는 상대는
그의 마음속 상처를 의심해 본다

적절한 대처가 필요할 때도 있다

지금까지는 그냥 스루, 즉 내가 흘려버리기만 하면 되는 경우를 중심으로 살펴봤습니다. 하지만 현실에서는 적절한 대처가 필요할 때도 있습니다.

지금부터는 그럴 때의 대처법에 대해 알아보겠습니다.

앞의 4단계에서 이야기했듯이 순서가 중요합니다.

1. 일단 흘려버리고 난 후에,

2. 작전을 짜는 것이었지요.

상대의 불편한 말이나 행동에 무턱대고 맞설 게 아니라 일단 '뭐, 사정이 있으니까 그럴 테지.'라며 수긍한 후에 현실적인 작전을 세우는 2단계를 거치는 것입니다. 그래야 컨트롤 감각을 유지하면서 상황에 대처할 수 있습니다.

참고로, 책의 남은 분량을 보고 '이제 조금밖에 안 남았네?' 라며 의문을 가질 분이 있을지도 모르겠습니다. 이제 막 실전 편에 들어왔는데 이대로 괜찮을까, 속 시원한 방법 없이 어중간하게 끝나는 거 아냐?, 라는 걱정일 테지요.

하지만 괜찮습니다. 실전 편의 핵심은 앞에서 모두 다루었습니다. 지금까지의 내용을 잘 이해했다면 실천 요령은 그리 어렵지도, 많은 분량을 필요로 하지도 않습니다.

우리는 1단계에서 마음을 불편하게 하는 사람들의 여러 유형을 살피며 불편 의식의 실체에 대해 이해했습니다.

제멋대로 단정 짓거나 내 생각을 강요하며 영역을 침범하는 사람, 의존심이 너무 강하거나 상식이 통하지 않는 사람, 대화가 안 되는 사람, 콤플렉스를 자극하는 사람 등이 있었지요. 불편 의식은 그 관계를 컨트롤할 수 없다는 느낌 때문이었습니다.

그리고 2~4단계에서는 불편한 마음이 사라지는 이치와 기본 마음가짐에 대해 알아보았습니다.

5단계에서는 불편한 사람들에 대한 현실적인 대처 요령, 즉 어떤 마음가짐과 '작전'이 필요한지를 말씀드리겠습니다.

제멋대로 단정 짓는 사람을
퇴치하려면

누군가 "너는 이런 거 안 좋아하잖아?"라고 단정 지으며 마음을 불편하게 할 때 어떻게 받아들여야 할지는 이해되었을 것입니다. 일단 '남의 일을 무턱대고 단정 짓는 버릇이 있는 데는 뭔가 속사정이 있겠지.'라고 여기는 것이지요.

이를 통해 컨트롤 감각의 토대를 만듭니다.
그런 후에 상대의 무례에 어떻게 대처하면 좋을지 생각합니다.

물론 이쪽 영역을 뻔히 눈 뜨고 침범당할 이유는 없습니다.
영역을 침범당하지 않으려면 우선 떠오르는 게 "마음대로 단정 짓지 마!"라는 식으로 받아치는 방법일 것입니다.
그런데 상대는 자신이 영역을 침범하고 있다는 사실을 꼭 알고 있는 게 아닙니다. 당하는 나는 잘 알지만, 상대는 자신이 상처를 준다는 것조차 사실 잘 모릅니다. 그런 분별력이 있는 사람이라면 제멋대로 단정 짓는 말 따위는 하지 않았을 테니까요.

게다가 "마음대로 단정 짓지 마!"라고 반발하면 이 자체가 그의 행동을 컨트롤하려는 행위, 즉 상대방 입장에서 봤을 때 영역 침범이 되는 문제도 있습니다.

타인의 일을 아무렇지도 않게 제멋대로 말하는 사람에게는 본인이 영역 침범을 하고 있다는 인식이 없는 경우가 대부분입니다. 그런 이유로 "마음대로 단정 짓지 마. 이건 내 문제니까."라는 식으로 되받으면 "그런 뜻은 아니었는데……."라며 오히려 자신이 상처를 받기도 합니다.

내 영역을 침범당하고 싶지는 않다.
이를 막기 위해 상대의 영역을 침범하는 것도 싫다.
이럴 때는 어떻게 하면 좋을까요?

정답은 단 하나입니다. 둘의 대화를 영역 침범이 없었던 형태로 만들면 됩니다.

내 영역을 지키는 대화법

"너는 이런 거 안 좋아하잖아?"라며 제멋대로 단정 지을 때 "맞아."라고 말하든 "아니야."라고 말하든, 또는 "마음대로 단정 짓지 마!"라고 반발하든 이 모두는 상대의 영역 침범을 기정사실로 한 후의 반응입니다.

하지만 그렇게 하지 않아도 되는 방법이 있습니다.

상대가 하는 말을 어디까지나 상대방 영역 내의 문제로 명확히 한정하는 것입니다.

즉, 상대가 "너는 이런 거 싫어하잖아?"라고 말할 때 "아, 넌 그렇게 생각하는구나."라는 식으로 대답하면 됩니다.

이는 어디까지나 상대의 영역 내에서 상대가 그렇게 생각한다는 사실을 인정할 뿐인 대답입니다. 쉽게 말해 "나는 낫토를 잘 못 먹어."라고 말하는 사람에게 "아, 잘 못 먹는구나."라고 대답하는 것과 비슷한 수준의 말대답이지요.

중요한 것은 내 영역의 정보가 무엇 하나 새지 않았다는 점입니다. 좋다고도, 싫다고도 말하지 않았으니까요.

상대는 자신의 영역을 벗어나 타인의 뭔가를 단정 지었지만, 그것이 내 쪽 영역과는 직접적인 관계가 없는 세계의 이야기가 되고 마는 것입니다.

마찬가지로 "나는 참고 있으니까 너도 좀 참아."라고 말하는 남자친구에게는(32쪽) "아, 그렇게 생각하는구나.", "나도 참아 주기를 바라는 모양이네."처럼 받으면 됩니다.

그런데 이렇게 해서 이야기가 일단락되는 남자라면 괜찮지만, 행여 그가 자신의 영역에 대한 자신감이 부족해 더욱 덤벼든다면 어떻게 해야 할까요?

만약 그렇다면 여기에는 이미 데이트 폭력, 가정 폭력domestic violence의 구조가 존재하기 때문에 그와의 관계를 다시 한 번 잘 생각해 보는 편이 좋을 듯합니다.

대화를 상대의

영역 침범이 없는 형태로 만든다

참견하는 사람은
내 영역에 들이지 않는다

불편한 이유 | 이렇게 하는 게 낫다며 걸핏하면 충고하는 친구와
함께 있는 게 피곤하다.

'충고'는 전형적인 영역 침범이지요.

누군가에게 충고를 들으면 '잘 알지도 못하면서', '그게 가능하
면 벌써 했지.', '참견쟁이 같으니라고', '시끄러워!'라는 식으로 받
아들일 때가 적지 않습니다. 이 모두는 내 영역을 침범당했다고 느
꼈을 때의 반응입니다.

그렇다고 '충고 좀 그만해!'라며 쏘아붙였다가는 관계에 흠집이
생기게 되고, 한편으로 이는 상대의 영역 침범을 인정해 버리는 반
응이기도 합니다.

이럴 때도 앞에서와 마찬가지로 대화를 영역 침범이 없었던 형

태로 만들어 보겠습니다.

　상대방은 왜 충고를 하는 걸까요? 그 이유는 이쪽의 상황을 보고 있자니 신경이 쓰이는 게 견디기 어렵기 때문입니다. 혹은 내쪽에 도움이 되어야겠다는 마음이 앞서기 때문일 수도 있습니다.

　뭐가 됐든 이는 상대방 영역 내의 문제입니다.

　따라서 "나도 그랬으면 좋겠네.", "걱정해 줘서 고마워."처럼 상대방 영역 내의 이야기로 한정하면 됩니다.

　다만 정말 친한 사이라면 '가짜 불편한 마음일지도 몰라.'라고 생각해 보는 것도 중요합니다.

　아니면 이렇게 말해 봐도 좋습니다.

　"충고를 들으면 왠지 부담이 되니까, 그냥 지켜봐 주면 고마울 거 같은데."

　"충고가 필요한 게 아니니까 그냥 들어만 주면 안 돼?"

　이 말에 충고를 멈춘다면 그는 '자신의 충고가 부담을 준다.'라는 사실을 단순히 모르고 있었을 뿐인 거지요.

　불편한 이유 | "주말에 어디서 뭐 했어?"라는 식으로 사적인 일까지 참견하는 동료가 불편하다.

사적인 일까지 참견한다고 느꼈다면 이미 상대방을 '영역 침범자'로 본다는 뜻입니다. 이때도 상대의 참견을 영역 침범으로 받아들이지 않으면 불편 의식은 생기지 않습니다.

가장 간단한 방법은 "내 일이 신경 쓰여?"라며 살짝 웃어넘기는 것입니다.

본인이 어디에 갔는지와는 전혀 상관없이 '상대는 그런 게 신경 쓰이나 보다.'라고 하는, 상대방 영역 내의 문제로 한정하는 방법이지요.

이렇게 보면 요령은 의외로 간단합니다.

모든 일을 상대방 영역 내에서 일어나는 이야기로 간주하면, 이쪽은 당사자가 아닌 게 되어 여유롭게 대처할 수 있습니다.

말하자면 '컨트롤 감각'을 실감하는 대처법이지요.

상대방 영역 내의 이야기로

한정하는 대화법

상식이 통하지 않는
사람 대처법

불편한 이유 | 자기 자랑만 늘어놓는 친구 때문에 짜증 난다.

듣고 있자면 참 얄미운 타입이지요.

이런 사람을 불편하게 느끼는 데는 상식이 통하지 않는 부류라는 게 핵심입니다.

'겸손하게 행동하는 게 예의다.'라는 상식이 있는 대다수 사람들에게 그는 '자랑만 늘어놓다니 인간적으로 부끄럽지도 않나?'라는 느낌을 주는 것이지요.

물론 노골적으로 자랑을 일삼는 사람이라면 나름의 속사정이 있을 것입니다. 따라서 "너무 자랑만 하면 사람들이 기분 나빠해."라며 가볍게 말해 주는 식으로는 개선할 수 없습니다. 단, 검증되지 않은 '가짜 불편한 마음'일 수도 있으니 친한 사이라면 한 번쯤 터

놓고 이야기해 볼 가치는 있습니다.

상식이 통하지 않는 사람과의 관계에서 컨트롤 감각을 가지려
면 상식을 전제로 삼지 말아야 합니다.

우리는 상대에게 뭔가를 기대할 때 아무래도 상식에 기대기 마
련입니다. 일일이 설명하지 않아도 "그지? 너도 알잖아."라는 공감
대가 있다고 보는 것입니다.

하지만 상식이 통하지 않는 상대에게는 그런 게 먹히지 않습니
다. 그래서 내 입장을 분명하게 알려줄 필요가 있습니다.

내 상식을 강요하는 것도 영역 침범이다

따지고 보면 '상식'이란 어디까지나 내가 생각하는 상식입니다.
각자가 자란 환경이나 현재 처해 있는 상황에 따라 그 상식은 다
릅니다. 범위를 넓혀서는 자국에서 상식으로 여겨지는 일이 외국
에서는 비상식인 경우도 있습니다.

나의 상식을 바탕으로 "그지? 너도 알잖아."라는 전제 아래 이야
기를 진행하는 데에는 상대와 나의 영역을 혼동하는 측면도 있는
것입니다.

나의 상식은 어디까지나 내 영역 안의 상식입니다. 그것을 상대에게 "그지? 너도 알잖아."라며 밀어붙이는 것은 상대방 영역을 침범하고 있다고 할 수 있습니다.

물론 모든 관계를 이처럼 엄격한 관점에서 볼 필요는 없습니다.

대다수 사람이 공유하는 상식은 분명히 존재하고, 이를 바탕으로 사회가 성립되어 있기도 합니다. 하지만 이를 절대적인 것으로 여기면 이런저런 왜곡이 생겨납니다.

사람마다 상식이 다를 수 있다는 점을 염두에 두어야겠습니다.

상대에게 바라는 것을 분명하게 밝힌다

제 자랑만 일삼는 사람과 친구 관계를 이어 가고 싶다면 듣고서 '그냥 흘려버리는' 방법도 효과가 있습니다.

자랑 이야기만 늘어놓는 사람은 으레 자존감이 낮습니다. '나는 이렇게나 대단해.'라고 자랑했을 때 상대가 덩달아 대단하다고 인정해 주지 않으면 견디지를 못하는 편이지요.

그래서 "와, 대단한데."라고 맞장구치면서 마음속으로는 '그렇게 자랑하지 않아도 되는데, 참 피곤한 사람이네.'라고 여기면 짜증나는 느낌은 이내 사그라들 것입니다.

혹은 이야기의 흐름을 돌려도 좋습니다. "그런데, 내 이야기도 좀 들어봐.", "대단하기는 한데, 듣고 있으려니 내가 너무 비교되잖아. 다른 이야기 하자."라며 화제를 돌리는 것입니다.

자기 자랑이 심한 사람은 자신감이 떨어지는 경우가 많습니다. 그래서 "너 이야기를 듣고 있으면 좀 주눅 드는 거 같아."라고 말하면 그가 별안간 "사실 나도 그렇게 대단하지는 않아."라며 기세가 꺾이는 경우도 있습니다.

이러한 대처는 상식을 따르는 게 아닙니다.

'사람은 되도록 겸손하게 행동하는 게 예의다.'라는 상식으로 판단하는 대신에 '나와 이야기할 때는 이런 점에 주의했으면 좋겠다.', '너와는 이런 관계를 맺고 싶다.'처럼 내가 바라는 바를 분명하게 밝히는 일입니다.

이때도 상대 영역을 침범하지 않는다는 게 포인트입니다.

"내 이야기도 좀 들어봐.", "내가 주눅 드는 거 같으니까 다른 이야기 하자."처럼 내 영역에 대해서만 말합니다.

그런데 이렇게까지 했는데도 상대가 '자랑질'을 멈추지 않는다면? 왜 내가 그런 사람과 우정을 쌓아야 하는지 진지하게 생각해 보는 편이 나을지도 모르겠습니다.

제멋대로인 사람과는
마음 내키는 것만 한다

불편한 이유 | 자기가 힘들 때는 의지하면서 내가 힘들 때는 못 본 척하는 친구에게 화가 난다.

피차일반이라는 상식이 없는 친구입니다만, 이 정도로 노골적인 데는 그만한 이유가 있을 것입니다.

어지간히 마음의 여유가 없는 타입이거나, 다른 사람도 힘들다는 사실을 읽어 내는 힘이 없거나이지요. 어느 쪽이든 뭔가 나름의 본인 사정이 있다고 볼 수 있습니다.

그만한 속사정이 있을 거라는 이유로, 어쩔 수 없다며 지금의 상황을 묵묵히 받아들일 사람도 없지 않을 것입니다.

그런데, 피차일반이라는 나의 상식을 그 친구와의 관계에서는 내려놓는 선택지도 가능합니다. 피차일반 의식은 상대와의 공유

속에서만 성립하기 때문입니다.

피차일반이라는 상식을 내려놓는다는 말은, 쉽게 말해 부탁을 받아도 웬만한 일이 아닌 한(결과적으로 내 일에 타격이 되지 않는 등) 도와주지 않아도 된다는 뜻입니다.

둘의 관계에서 상대가 지키지 않는 상식을 나만이 지켜야 할 이유는 없고, 그로 인해 내 마음이 상처 받을 필요도 없습니다.

내가 하고 싶으니까 한다는 것

상대의 속사정이 어떻든 인간으로서 어려움에 처한 사람을 도와주고 싶은 마음이 들 수도 있습니다.

다만 그럴 때는 내 영역에서 판단한다는 의식을 가질 필요가 있습니다. 한 인간으로서 내가 하고 싶어서 하는 것일 뿐 '상대의 영역(상대방이 도움을 갚을지 어떨지)과는 상관없다.'라는 자각이 있어야 한다는 의미입니다.

어쩌면 조금 손해 보는 느낌이 들 수도 있지만, 상대가 어떠하든 내 영역에서 판단하고 내 책임 아래 사람의 도리를 실천하는 것이지요. 이는 꽤 멋지면서, 또한 컨트롤 감각으로 이어 주는 강렬한 힘이 있습니다.

상식의 줄다리기를 멈추고
내 의지에 따라 행동해 보자

아무 말도 없는 사람은
내버려둔다

　이상적인 소통이란 각자가 자신의 영역에 책임지고, 상대의 영역을 존중하며, 서로의 생각을 주고받는 것입니다.

　하지만 세상에는 그처럼 이상적인 소통이 가능한 사람들만 있는 게 아닙니다. 이상적인 소통을 추구하다 보면 거기에서 벗어나는 상황들이 아무래도 컨트롤할 수 없다는 느낌을 불러오기 마련입니다. 그 경우에 '이 사람과는 이상적인 소통을 할 수 없다.'라는 현실을 받아들일 때만 둘의 관계를 잘 이끌어 갈 수 있습니다. 여기에 예외는 없습니다.

　사람에게는 각자의 사정을 반영한 소통 방식이 있습니다.

　이상적인 소통이 안 되는 사람에게는 그 나름의 속사정이 있을 것이다, 라는 사실을 받아들인다면 다음으로는 나만의 소통 스타일을 갖추어 컨트롤 감각을 길러야 합니다.

말이 없으면 아무 의견도 없다고 여긴다

각자의 영역이라는 점을 고려하면 본인 영역을 제대로 표현할 수 있는 것은 본인뿐입니다. 무슨 생각을 하는지 알 수 없는 사람은 자기 영역에 책임지고 표현하지 않는다는 뜻이지요.

'그는 도대체 무슨 생각을 하는 걸까……'라는 의구심이 강해지면 컨트롤 감각은 점점 흔들립니다. 그럴 바에야 상대가 아무 말도 안 한다는 건 지금 아무 말도 하고 싶지 않거나 아무 말도 할 수 없는 상태, 혹은 아무 생각이 없는 상태라는 현실을 받아들이고 그냥 흘려버리는 게 낫습니다.

그 이상을 바라면 상대의 영역을 침범하게 됩니다. 게다가 아무 말도 하지 않는 사람의 눈치를 살피다 보면 오히려 내가 내 영역에 책임지지 않는 사람이 될 수도 있습니다.

인간관계란 이미 만들어진 게 아니라 키워나가는 것입니다.

'말이 없으면 의견이 없는 것으로 생각할게.'라는 방침을 유지함으로써 서로의 영역을 존중할 수 있고, 이후의 관계도 풍성하게 이어 갈 수 있습니다.

아무 말이 없으면
내버려두는 것도 관계의 기술

패닉에 빠진 사람에게는
위로의 말을

이해력이 아주 떨어지지 않는 이상, 논리가 통하지 않는 사람이 있다면 그는 논리적인 이야기가 아니라 감정적인 이야기를 하고 있다고 봐야 합니다.

감정을 고스란히 드러내면 민망하니까 논리적인 척하는 말투를 쓰지만, 자기감정을 쏟아 내고 있을 뿐이지요. 실상은 패닉에 빠진 사람인 것입니다.

이런 사람과는 논리적으로 대화하려는 시도를 내려놓을 필요가 있습니다.

상대는 무엇 때문에 패닉이 되었을까요?
상대는 무엇에 불안을 느끼는 걸까요?

어떻게 해야 그가 마음을 놓을까요?

그리고 어떤 현실적인 대처가 필요할까요?

그저 이야기를 들어 주고 감정을 받아들여 주면 될까요?

어떨 때는 본인이 실수를 저질렀다는 사실을 받아들이지 못해 논리가 통하지 않는 말로 다른 사람에게 감정을 쏟아 내는 경우도 심심찮게 보입니다.

그럴 때 상대에게 시시콜콜 따지는 것은 좋은 대처가 아닙니다. 그가 혼란스러운 감정을 추스르도록 겉으로나마 "미안해."라고 말해 주는 게 배려일 수도 있습니다.

이것은 사과가 아니라 위로라고 여기기 바랍니다.

상대 역시 패닉이 진정되면 "나도 잘못했어.", "아까는 말이 지나쳤어."라며 사과해 올지도 모르는 일이고요.

상처 받지 않는
관계의 기술

지금까지 다양한 부류의 불편한 사람에게 대처하는 요령을 살펴보았습니다.

직장 동료, 가족, 친척, 친구……. 불편하지만 아무래도 피하기 어려운 사람들과 잘 지낼 수 있는 방법이 보일 것입니다.

그들과 잘 지내는 요령의 핵심은 서로의 영역을 지키는 데 있습니다. 예를 들어 상대에게 뭔가를 부탁할 때는 내 영역 내에서 이야기하는 게 좋습니다.

"네가 나쁘니까 바꿔."가 아니라 "나는 힘들어.", "이렇게 해주면 좋을 텐데……." 같은 화법을 쓰는 것이지요.

일반적으로 사람은 자기 영역을 침범당하지 않는 한 무턱대고 방어적으로 되는 일 없이, 힘든 상황에 처한 이들을 도우려고 생각하는 법입니다.

공격적인 사람에게는 무슨 사정이 있을 거라 여긴다

한편으로 마음의 병이나 발달 장애가 있는 사람, 아니면 단순히 그날 기분이 너무 안 좋아서 이쪽이 상대의 영역을 침범하지도 않았는데, 마치 침범당한 것처럼 공격적인 반응을 보이는 경우가 더러 있습니다.

이럴 때는 그냥 '꽤나 사정이 있나 보다.'라고 여기기 바랍니다. 물론 어느 정도 대미지는 있겠지만, 내 쪽의 대처를 의심할 필요는 없습니다.

컨트롤 감각의 첫걸음은 상대에게 나름의 사정이 있다고 받아들이는 데에서 시작됩니다. 불편한 마음은 컨트롤할 수 없다는 느낌에서 생겨나기 때문에, 어떤 상황에서든 나름의 소통 기준이 있다는 것은 인간관계의 상처를 줄이는 효과적인 수단입니다. 대략의 기준을 정리하자면 이렇습니다.

'무슨 생각을 하는지 알 수 없는 사람은 그냥 내버려 둔다.'
'논리가 통하지 않는 사람은 감정을 다독인다.'
'내 영역 내에서만 이야기하고, 그래도 방어적으로 나오는 사람은 그럴 만한 사정이 있을 거라 여기며 흘려버린다.'

상대의 행동을
꼭 바꾸고 싶다면

불편한 사람이라고 할 정도까지는 아니더라도 실은 불편할 때가 있습니다. '저 사람이 ○○한 부분만 고친다면…….' 같은 생각이 드는 경우이지요. '이것만 고쳐 줬으면' 하는 마음이 들 때 그것이 가능한 경우와 그렇지 않은 경우가 있습니다.

앞에서 '타인을 바꿀 수는 없다.'라고 했는데, 바꿀 수 있는 부분도 있습니다. 바로 구체적인 행동입니다.

불편한 이유 | 가게 직원에게 거만하게 구는 남자친구가 너무 불편해서 헤어질까 생각 중이다.

예를 들어, 남자친구가 가게 직원을 '야!'라고 부르는 게 싫어서 고쳤으면 좋겠다는 마음을 가질 수 있습니다. 이처럼 구체적인 부분이라면 그가 행동을 바꿀 가능성이 있습니다.

혹은 '주문할 때 존댓말을 쓰면 좋겠다.'라는 바람도 어지간하면 개선이 가능합니다.

다만, 상대가 태도를 고치기를 바랄 때는 영역 침범에 주의해야 합니다.

"그런 태도는 너무 예의가 없잖아!"라는 투로 단정 지을 게 아니라, 아래처럼 부탁하는 것입니다.

"자기가 가게 직원에게 말할 때 보면 가끔 무서워. 나야 자기가 좋은 사람이라는 걸 잘 알지. 하지만 가게 직원은 알 리가 없잖아? 자칫 오해해서 싸움이 나면 어쩌나 걱정되는 거야. 부탁이니까, 존댓말을 쓰면 안 돼?"

이처럼 '나'를 주어로, 모든 것을 내 영역 안에서 말하면 남자친구는 자기방어를 하지 않아도 됩니다.

여자친구가 그렇게 걱정한다는 사실을 몰랐을 뿐이고, 게다가 그녀를 소중히 여기는 마음이 있다면 태도를 고치려고 노력하지 않을까요? 한편으로 자신의 호탕함을 보이고자 부탁을 들어줄 수도 있고요.

그런데, 현실적으로는 문제가 있습니다.

모든 행동에는 오랜 사정이 있다

사람의 태도 변화는 앞에서처럼 쉽게 해결되지 않는 경우가 많습니다. 다른 사람에게 어떤 태도를 보일지에는 그의 사정이 깊이 배어 있기 때문입니다. 하루아침에 바뀌는 게 아니지요.

하나의 행동은 그 사람의 인격으로 이어집니다.

인격은 부품을 갈아끼우는 기계 같은 게 아닙니다. 하나의 기질이 만들어지는 배경에는 나름의 오랜 사정이 있습니다.

가게 직원에게 거만한 태도를 보이는 남자친구, 아마도 그는 '사람들에게 예의 바르게, 기분 좋게 대하자.' 같은 가치관 속에서 자라나지 않았을 것입니다.

부모님이 그러한 가치관의 소유자였다면, 남자친구도 대개는 같은 인성이 몸에 배었을 테니까요. 어쩌면 남자친구의 부모님은 타인에의 존중이 없는 '약육강식 타입'이었는지도 모르겠습니다. 혹은 "사람들에게 예의 바르게……."라고 말하면서 정작 자기 아들에 대해서는 다른 태도를 취했을 수도 있습니다.

이와는 또 다른 속사정을 떠올릴 수도 있습니다. 남자친구는 부모의 가치관을 따르며 살아왔는데, 그것을 완전히 뒤집을 만큼 혹독한 체험을 했거나 하는 식입니다.

어떤 경우든 그는 스스로가 납득이 되어 현재의 거만한 태도를 보이는 것이므로 이 부분만을 바꾸기란 좀처럼 쉽지 않습니다. 오히려 지금은 다정하게 대하는 여자친구에게조차 나중에는 거만한 태도를 보일 가능성 또한 없지 않습니다.

상대의 단점을 하나의 특징으로 받아들인다

상대의 행동이 바뀌지 않는다고 해서 부정적인 요소만 있는 것은 아닙니다. 누군가의 어떤 특징은, 그것이 단점으로 나타나는 이면에 장점으로 활용되는 경우가 있습니다.

예컨대 '참견쟁이'라는 단점은, 똑같은 특징을 긍정적으로 살릴 수도 있습니다. 참견쟁이에게 "○○ 씨가 아니면 부탁할 데가 없어요."라며 참견하고 싶은 마음을 부추기듯 말하면 감동적일 만큼 열심히 움직여 줄 때가 그렇습니다.

마찬가지로 성격이 과격한 타입의 사람은 갑자기 화를 터뜨리는 등 싫은 측면이 있지만, 동시에 시원시원하고 뒤끝이 없다는 장점도 있습니다.

상대는 단점을 타고나는 게 아니라, 단순히 하나의 특징을 가지고 있을 뿐이라고 여겨 보기 바랍니다.

그것이 단점으로 나타나는 상황이 있는가 하면 장점으로 발휘될 때도 있습니다.

이렇게 생각하면 단점을 장점으로 돌리는 것도 가능합니다.

'○○한 점만 바꾸면 참 좋을 텐데…….'라는 충족되지 않을 바람을 계속 품기보다 '역으로 보면 ○○를 좋은 쪽으로 활용할 방법도 있지 않을까?'라는 발상을 통해 결과적으로 긍정적인 효과를 이끌어 내는 것이지요.

'집요하다'고 느껴지는 상대의 이면에는 '끈기 있다', '흔들림이 없다' 같은 장점이 있을지 모릅니다. 이처럼 어느 쪽에서 보느냐에 따라 상대에의 평가가 달라진다면, 그저 불편하게만 여길 때와는 다른 대처도 가능하지 않을까요?

인연을
끊는다고 끝나는 게 아니다

불편한 감정에서 자유로워지기 위해, 어떤 의미에서는 인연을 끊는 게 가장 속 편한 방법일 수도 있습니다.

실제로 그렇게 누군가와 연을 끊은 채 지내는 사람들도 있을 테지요. 인간관계는 강제할 수 있는 게 아니기에 인연을 끊고 안 끊고는 어디까지나 본인이 결정할 문제입니다.

하지만 인연이 끊어졌어도 떠올리고 싶지 않은, 떠올리는 것만으로도 괴로운 상태가 지속된다면 자유로워졌다고 할 수 없습니다. 언제까지나 그 불편한 마음에 얽매여 있을 테니까요.

인연을 끊더라도 우선은 흘려버린 다음에

과거에 인연을 끊은 사람이든 앞으로 인연을 끊을 사람이든 언제든 한 번은 '흘려버리는'(스루) 의식을 치러야 합니다. 즉 상대가 '저 정도로 부적절한 행동을 하는 데는 꽤나 사정이 있을 거야.'라는 자각이 필요하다는 뜻입니다.

사정이 있다고 해서 그 사람의 말과 행동을 다 받아들여야 한다는 것은 아닙니다. 나에게 상처를 주고 스트레스가 쌓이는 등 내 삶의 질을 떨어뜨린다면 당연히 그와 함께할 필요는 없습니다.

특히 심하게 영역 침범을 해오는 사람이 줄곧 옆에 있으면 마음의 병을 앓을 우려마저 있습니다.

내 영역은 나만이 책임질 수 있습니다.

'이 사람과 함께 있다가는 마음이 견뎌 내지 못할 거야.'라는 사실을 깨닫고 대처할 수 있는 이는 오로지 본인뿐입니다.

따라서 '꽤나 사정이 있을 거야.'라며 상대방 영역을 배려하되 내 영역과 나의 앞날에도 책임질 수 있어야 합니다. 그 결과로서 그와 거리를 두는 선택을 하는 것은 오히려 어른으로서 책임 있는 행동입니다.

이렇듯 상대와 나, 양쪽의 사정을 고려한 정리 의식이 필요합니다. 그렇지 않으면 아무리 시간이 흘러도 '그는 왜 그처럼 심한 행동을 했을까?'라는 의문과 불편함이 가시지 않습니다. 더욱이 이

지난날의 불편한 마음을
떨쳐버리는 의식을 치르자

서로가 나름의
사정이 있었던 거야~

제는 연을 끊어 만날 일이 없다고 하더라도 '내가 더 노력했더라면 어떻게든 되지 않았을까?'라며 스스로를 책망하는 마음으로 이어질 수도 있습니다.

정리되지 않은 불편한 마음은 세월이 흘러도 우리를 쉽사리 놔주지 않습니다. 그럴 바에야 부적절한 행동을 할 수밖에 없었던 상대방 사정도, 그런 상대와 함께 지낼 수 없는 나의 사정도 모두 차분히 받아들이는 게 낫습니다.

불편한 사람과
정신적으로 거리를 두는 방법

　가깝게 지내는 사람일수록 더욱 큰 상처를 주는 법이지만, 친했던 만큼 관계를 정리하기란 결코 쉽지 않습니다. 그대로 '스루'하기에도 아쉽거나 분한 마음이 너무나 큽니다.

　개중에는 나를 낳아준 부모님처럼 도저히 인연을 끊을 수 없는 관계도 있습니다.

　하지만 이런 경우라도 '거리'를 두는 것은 가능합니다.

　물리적으로 거리를 두는 것은 어려울지 모르지만, 적어도 정신적으로 거리를 둘 수는 있습니다.

　정신적으로 거리를 둔다는 말은 상대를 무시하라는 게 아니라, 내 영역을 단호하게 지킨다는 의미입니다.

그 방법은 이제껏 설명해온 바와 비슷하지만, 부모님처럼 가까운 사이라면 아무래도 영역 감각이 느슨해지기 쉽습니다. 그렇기에 더더욱 단호해야 합니다. 다만 '단호하게'라고 해서 공격적인 태도를 취하는 것은 좋지 않습니다.

불편한 이유 | 일일이 잔소리를 하는 시어머니가 불편하다.

이럴 때 영역을 단호하게 지킨다는 것은, 앞에서 '참견하는 사람은 내 영역에 들이지 않는다.'라고 말했듯이 모든 것을 상대방 영역 내의 이야기로 취급한다는 뜻입니다.

즉 '시어머니의 생각은 이렇다.'라는 틀을 벗어나지 않고 상대와 대화하면 됩니다.

예를 들어 시어머니에게 "방구석에 먼지가 많이 쌓였네."라는 말을 들었을 때 "어머, 그래요?"라고 대답하면 그만입니다.

그저 '시어머니는 먼지가 신경 쓰이는가 보다.'라고만 이해하고, 구태여 '잔소리를 들었다.'거나 '청소 상태를 꾸짖었다.'라는 식으로 내 영역 이야기로 받아들이지 말라는 것입니다. 당연히 얼굴을 찌푸리는 일도 없어야 하겠지요.

좀 더 붙임성 있게 말하고 싶다면 "어머니는 정말 세세한 부분까지 잘 보시네요."라며 칭찬해도 좋습니다.

영역 의식을 가진다는 것은 정신적인 안전 거리를 잘 유지하는 일입니다.

누군가가 많이 불편하지만 보지 않을 수도 없는 관계라면, 상대를 가급적 내 영역에 들이지 않고 나 또한 상대 영역에 들어가지 않는 습관이 중요합니다. 이따금 상대방 태도가 마음에 들지 않더라도 나름의 사정이 있겠지, 라고 흘리면서요.

5단계 핵심 정리
서로의 영역을 지키는 대화법

1

싫은 태도를 보이는 사람은 '스루'한다. (흘려버린다)

2

"너는 ○○지!?"라며 단정 짓는 사람에게는
"넌 그렇게 생각하는구나."가 정답

3

사생활을 참견하는 사람에게는
"내가 그렇게 신경 쓰여?"로 영역 침범을 막는다.

4

자기 자랑만 일삼는 사람에게는
"내 이야기도 좀 들어줘."

5

패닉에 빠진 사람에게는
"미안해."라는 위로의 말 한마디

사람들을
내 편으로 바꾸는 기술

– 모두가 나를 편안하게 느끼게 하려면 –

상대를 내 편으로 만들려면

나를 불편하게 여기는

그의 '있는 그대로'를 먼저

받아들일 수 있어야 합니다.

상대를
내 편으로 만들려면

이 책의 마지막 단계에서는, 우리를 불편하게 하는 사람뿐 아니라 인간관계 전반에서 컨트롤 감각을 익히는 방법에 대해 알아보겠습니다.

나는 어떤 사람을 상대해도 괜찮아. 괜찮을 뿐 아니라 마음만 먹으면 얼마든지 내 편으로 만들 수 있어. 이런 태도가 가능하다면 얼마나 좋을까요. 어떻게 하면 그럴 수 있을까요?

사람들을 내 편으로 만들고 싶다면 무엇보다 상대가 내게 불편한 마음을 느끼지 않도록 해야 합니다.

이게 요령의 핵심입니다.

내 편으로 만들고 싶으면 "내 편이 되어 줘."라고 부탁하면 되는 거 아냐?, 라고 생각할지 모르겠습니다만, 막무가내인 듯한 느낌이 드는 데다가 자기중심적이라는 측면에서 빈축을 살 수도 있습니다. 더군다나 상대에게 뭔가를 요구했을 때 "말하지 않아도 해주려고 했는데."라는 반응에 체면을 구기거나, "명령조로 이야기하지 마!"라며 반발하는 사람도 있습니다.

이는 영역 침범이 일어났기 때문입니다. 원래 해주려고 했던 일도 상대에게 영역을 침범당하면 그 사실 자체에 반응하여 의욕이 가시는 것입니다.

그런 이유로 "내 편이 되어 줘."라고 직설적으로 부탁하기보다 상대가 내게 불편한 마음을 갖지 않도록 하는 편이 결과적으로 더욱 효과적입니다.

다시 말해, 책에서 쭉 설명해온 대로의 길을 상대방이 '마음 편히' 걸을 수 있게끔 해주는 것입니다.

컨트롤할 수 없다는 느낌은 있는 그대로의 나로 있을 수 없을 때 생겨납니다. 반면에 사람은 있는 그대로의 자신으로 있을 때 가장 친절하고, 너그러워지며, 능력도 쑥쑥 발휘합니다.

영역 침범을 괘의치 않으며 억지로 움직이게 하는 것도 가능은 하지만, 이는 늘 저항심과 한 쌍입니다. 상대에게는 진심으로 도움이 되고자 하는 마음이 생기기 어렵습니다. 오히려 결정적인 순간에 내 손을 놓아 버릴 가능성도 있고요.

상대의 저항을 느끼며 노력하면 내가 쉽게 지치기도 합니다. 사람을 강제로 움직일 수는 있어도 나 역시 상당한 기력을 소모할 수밖에 없기 때문입니다.

그보다는 본인이 스스로 하게끔 그 토대를 만드는 게 사람을 움직이는 진짜 기술이라고 하겠습니다.

나를 불편해하는 상대를
우선 인정하자

상대가 불편 의식을 갖지 않게 하려면 그의 있는 그대로를 인정할 필요가 있습니다. 그가 지금 내게 불편한 마음을 느끼고 있어도 원칙은 같습니다.

내 편으로 만들기 위해서는 불편 의식을 갖고 있는 그의 '있는 그대로'를 먼저 받아들여야 합니다. 상대가 나를 불편하게 여기는 현실부터 인정하는 것이지요.

다만 나를 불편하게 여긴다고 해서 '나의 어떤 점이 문제일까?'라며 반성할 필요는 없습니다.

불편 의식은 상대의 언행 때문에 주로 생기지만, 본인의 마음속 상처가 원인인 경우도 있습니다. 즉, 내게 아무런 잘못이 없어도 뭔가가 상대의 마음속 상처를 자극해 불편 의식으로 이어지는 일은 얼마든지 있습니다.

사실 마음의 상처 문제는 의외로 흔합니다. 예컨대 이유는 잘 모르겠지만, 상대가 갑자기 토라진 경험이 있을 것입니다.

쉽게 토라지는 사람은 '자신이 존중받지 못했다.', '자신을 우습게 여긴다.'처럼 받아들이는 경우가 많습니다.

나는 여느 때와 같이 업무적으로 어른스럽게 대했을 뿐인데, 이러한 태도가 상대에게는 '자신을 우습게 여긴다.'라는 감정을 자극한다는 식이지요.

마음의 상처를 가진 사람에게는 있는 그대로를 받아들여 그의 말을 존중해 주는 태도를 취하면 됩니다. 필요하다면 상대를 무시할 의도가 전혀 없었음을 드러내 주고요.

그러면 여기에 대해 상대는 어떻게 반응할까요? '○○는 사람의 마음을 헤아릴 줄 안다.', '○○는 사람이 참 괜찮다.'라며 분명 당신에게 호의적으로 바뀔 것입니다.

그를 마음속 상처에서 벗어나게 하려면

나는 비교적 잘해 주었다고 생각하는데, 상대와 잘 지내지 못할 때 역시 그의 마음속 상처가 원인일 수 있습니다.

마음의 상처에서 벗어나는 포인트는 컨트롤 감각이었지요.

인격을 심하게 부정당하거나 해서 상처를 크게 받았을 때 우리에게는 '다른 사람은 무서운 존재'라는 감각과 '나는 한심한 인간'이라는 감각이 수면 위로 떠오릅니다.

이들 감각은 모두 컨트롤할 수 없다는 느낌으로 이어집니다.

다른 사람이 내게 무슨 짓을 할지 모른다, 그리고 나는 제대로 대처하기는커녕 타인에게 공격의 빌미를 주는 한심한 요소가 있을 거라고 생각하기 때문입니다.

마음의 상처에서 회복한다는 것은 컨트롤할 수 없다는 느낌에서 벗어난다는 말입니다. 즉, 아래처럼 건강한 컨트롤 감각을 길러 나가야 합니다.

"말을 심하게 하는 사람은 본인에게 문제가 있는 것일 뿐, 내 잘못이 아니야. 세상에는 좋은 사람들이 훨씬 많기도 하고."

"나는 나대로 최선을 다하고 있으니 지금은 이대로도 괜찮아."

상대를 마음속 상처에서 벗어나게 할 때도 마찬가지입니다.

가장 중요한 것은, 그가 더 이상 컨트롤할 수 없다는 느낌을 받지 않도록 하는 일입니다.

그러려면 어떻게 해야 할까요? 앞 내용의 복습을 겸해 다시금 정리해 보겠습니다.

1. 내게는 상대의 영역을 침범할 뜻이 없다는 것을 태도로써 분명히 드러낸다.
2. 상대의 상식, 가치관을 존중할 의사가 있음을 드러낸다.
3. 내 감정을 앞세우지 않는다. 모두가 수긍할 법한 보편적인 룰에 따라 행동한다.
4. 상대의 말을 잘 듣고 이해하는 등 소통에 유의한다.

당장에 상대의 반응이 좋지 않더라도 이 같은 태도를 유지하다 보면 머지않아 그도 불편한 마음을 내려놓고 기분 좋게 나를 대하게 될 것입니다.

그래도 여전히 어려운 상대에 대해서는 다른 사람의 힘을 빌리는 방법도 있습니다.

예를 들어 내가 상대의 마음속 상처를 자극하기 쉬운 타입이라고 한다면(그 이유가 명확하지 않을 때도 많지만), 그렇지 않은 사람의 도움을 받아 문제를 풀어 가는 식이지요.

상대가 마음을 여는 사람이 가운데에 끼면 이야기가 의외로 쉽게 풀리기도 하니까요.

각론이 아닌 총론으로
사람을 대한다

　상대방 입장에서 봤을 때 내가 상식이 통하는 사람으로 여겨진
다면 그만큼 관계가 편안해집니다. 동질감을 느끼고 있어서 협조
적인 경우는 으레 있는 일이지요.

　하지만 내 입장에서 불편함을 느끼는 상대는 상식이 통하지 않
는 사람인 경우가 많고, 이는 상대방의 경우도 별반 다르지 않습니
다. 이럴 때 그에게 '상식이 통한다.'라는 느낌을 주려면 어떻게 해
야 할까요?

　사람은 저마다 생각이 다른 존재입니다.

　예를 들어 '타인에게 친절을 베푸는 편이 기분 좋다.'라는 총론
에는 대다수가 찬성하겠지만, 그 친절의 정의는 사람마다 다릅니
다. 어떤 행위를 친절이라고 생각할지 말지도 사람에 따라 의견이
분분하기 마련입니다.

내가 상식이라고 여기는 일을 상대는 지나치다고 느낄 수 있습니다. 반면에 내가 보기에는 도저히 이해할 수 없을 만큼 지나친 걱정을 안고 사는데, 그것이 정작 본인에게는 '아주 정상적인 불안'일 수도 있습니다.

이런 상대에게 "너는 걱정이 너무 지나쳐.", "그거 별거 아니야."라며 생각의 차이를 이해시키려 해도 그는 불편함을 강하게 느낄 뿐 내가 바라는 대로 움직여 주지 않습니다.

둘 사이의 위화감이 '나를 부정한다.', '상식이 통하지 않는다.'처럼 불편한 마음을 만드는 요소로 작용할 뿐이지요.

이럴 때는 상대를 '각론이 아닌 총론으로 대하는' 게 좋은 대처법입니다.

어떤 일에서 불안을 느끼는지에 대한 '각론'은 사람마다 제각각이지만, 불안이라는 감정은 모두에게 공통되는 '총론'입니다. 뜨거운 것을 만지면 '뜨겁다.'라는 감각을 사람이라면 다들 느끼듯이 불안이라는 감각 자체는 공유가 가능하니까요.

이 같은 대처는 상식의 틀을 넓히는 일이기도 합니다. '뭐 그런 일로 불안해?'라는 틀을 넓혀 '불안하니까 힘들지?'라는, 보다 보편적인 상식을 상대와 공유하는 것이지요.

마음을
이해해 준다는 것

사람의 마음을 움직이려면 진정성 있는 소통이 중요합니다.

우선 내가 바라는 것을 명확하게 전달할 필요가 있는데, 그 전에 상대의 기분 좋은 협력을 이끌어 내려면 '당신의 마음을 이해한다.'라는 느낌을 주는 게 핵심입니다.

사람은 자기 마음을 이해해 주는 상대, 자기의 있는 그대로의 모습을 인정해 주는 상대를 기꺼이 도우려고 하는 법입니다. 따라서 소통을 이어 가는 중에 상대의 생각을 잘 들어 주는 일이 무엇보다 중요합니다.

상대방 생각을 모두 수긍할 수는 없겠지요. 그럴 때는 앞에서 이야기한 '각론이 아닌 총론으로 대한다.'가 요령입니다.

내가 보기에 '괜한 걱정을 한다' 싶을 때 마음속으로는 그에게 공감하기 어려울 것입니다. 하지만 "자세한 사정은 잘 모르겠지만,

걱정이 돼서 힘들지?"라는 '총론' 부분에는 충분히 공감해줄 수 있습니다.

상대가 어떤 일에 대해 불안을 호소할 때는 그 상태 그대로를 받아들여 주는 게 좋습니다.

"많이 걱정되지? 사정을 털어놓으면 마음이 편해질 수도 있으니까 내게 말해 봐."

이렇게 말하며 '걱정이 있으면 누구나 힘들다.'라는 점에 공감을 내비치는 것입니다. 상대가 무엇 때문에 불안해하는지 정확한 내용을 알지 못해도 그저 잘 들어 줌으로써 그는 한결 마음이 놓이고, 앞으로도 당신을 더욱 신뢰할 것입니다.

내가 힘들 때 나를 이해해 주는 사람

불안은 마음에 품고 있으면 점점 커집니다. 반면에 마음 밖으로 꺼내면 다소 편안해지고, 이야기를 듣는 사람이 공감해 준다는 생각이 들면 불안은 더더욱 수그러집니다.

하지만 이럴 때 우리는 오로지 '나의 상식' 기준으로 판단하는 경향이 있습니다.

"걱정이 너무 앞서는 거 아냐?"

"그 정도 일로 왜 불안해? 참 이상하네."

"내 말대로만 하면 바로 해결되는데, 왜 그렇게 안 해!?"

이렇게 말하면 상대는 점점 불안해지고, 본인이 생각하는 방식 자체를 부정당한다는 것은 그대로 '영역 침범'이 됩니다.

그러면 상대는 움츠러들 수밖에 없습니다. 자기 이야기를 들어 주었다고 느끼기는커녕 '전혀 이해해 주지 않는다.'라며 반감을 품을지도 모릅니다.

말을 차분히 들어 주고 그 감정을 함께해 주기만 해도 상황은 다를 것입니다. 상대는 나를 '내가 힘들 때 이해해 주는 사람'으로 여기고 안도와 신뢰를 느낄 테지요.

그리고 '이런 사람에게는 진심으로 대하자.'라고 생각합니다.

상대의 성과가 아니라 노력을 인정해 주자

상대의 노력을 인정하고 감사를 표현하는 것도 관계성에는 매우 중요합니다. 나의 노력을 인정해 주고 고마워하는 사람이야말로 진정한 '내 편'입니다.

상대의 노력을 인정해줄 때에는, 그가 지금 어떤 상황에 처해 있는지를 헤아리는 게 중요합니다.

사람은 자기 마음을
이해해 주는 상대를 좋아한다

'단점의 이면'(183쪽) 부분에서 살폈듯이 사람에게는 저마다 특징이 있어서, 그것이 단점으로 나타날 때가 있는가 하면 장점이 되는 일도 있습니다. 쉽게 말해 매사에 잘할 때가 있으면 못할 때도 있는데, 일이 잘 안 풀리고 그래서 평소보다 지치고 힘든 때일수록 누군가의 인정은 더욱 가슴에 와닿습니다. 그를 내 편으로 만들기 위한 좋은 기회이지요.

사람은 대개 본인이 가장 기운이 넘치는 '홈그라운드'에서 활약하고자 하고, 그럴 때 성과가 가장 오르는 법입니다. 하지만 환경적인 제약 때문에 좀처럼 홈그라운드의 이점을 누리기 어려울 때도 많습니다.

이런 때야말로 성과에만 주목하지 않고 노력을 인정해 주기 바랍니다. "많이 힘들었을 텐데, 정말 고생했어."라는 이 한마디에 사람은 진심으로 내 편이 되기도 합니다.

6단계 핵심 정리

상대를 내 편으로 만드는 요령

1

상대가 나를 불편하게 여겨도
그 현실을 있는 그대로 받아들인다.

2

상대의 상식을 존중하고, 영역을 침범하지 않는다.

3

'각론'이 아닌 '총론'으로 상대를 위로한다.

4

말을 잘 들어 주고 감정에 공감해 준다.

5

상대의 노력을 인정해 주고, 고마움을 표현한다.

컨트롤 감각은 행복의 열쇠다

이 책에서 우리는 불편한 마음이 드는 사람들과 잘 지내기 위해 컨트롤할 수 없다는 느낌을 어떻게 떨쳐 버릴지에 대해 알아보았습니다. 아마도 주위의 불편한 사람들, 잡다한 일들을 '스루'해야겠다는 마음이 들었을 테지요.

이제는 컨트롤할 수 없다는 느낌 대신에 '있는 그대로의 나로 있을 수 있다.', 혹은 '어떻게든 될 거니까.'라는 컨트롤 감각의 감을 잡았을 것입니다.

그런데 컨트롤 감각은 불편한 사람 대책에만 중요한 게 아닙니다. 컨트롤 감각은 우리가 인생을 살아가는 데 꼭 필요한 행복의 열쇠라고도 할 수 있습니다.

생각해 보면 그렇습니다. 인생 전반에 대해 '있는 그대로의 나로 있을 수 있다.', '어떻게든 될 거니까.'라는 생각이 들 만큼 자존감 있고 일상이 평온한 일이 또 있을까요?

사람이 우울증에 걸리는 원인으로 가장 흔한 게 컨트롤할 수 없다는 느낌의 영향입니다.

'배우자와의 불화가 숨 막히는 절망으로 이어졌다.'
'회사를 옮긴 후에 너무나 많은 요구가 쏟아져 신경이 곤두서고 몸을 옴짝달싹할 수조차 없었다.'
이 같은 일들이 우리의 삶을 마냥 힘들게 합니다.

병에 걸릴 정도는 아니더라도 '도저히 출구가 보이지 않는 상황'이나 '이것도 저것도 다 챙겨야 하는데, 아무리 해도 쫓아가지 못할 때' 삶은 스트레스로 가득 차게 됩니다.

인간은 사회적 동물이고, 그 생활은 인간관계의 축적입니다.

불편한 사람으로부터 자유로워지는 것은 그와의 관계에서 오는 스트레스만 없애 주는 게 아닙니다. 인생 전반에 대한 '컨트롤 감각'을 가질 수 있게도 해줍니다.

이 책을 읽고 조금이나마 '나도 할 수 있을 거 같아.'라는 생각이 들었다면 그것이 바로 컨트롤 감각의 시작입니다.

실제로는 아직 충분하지 않을지라도 '그래, 이런 식으로 마음먹으면 되는구나!'라는 가능성만 보여도 상황은 이내 변할 것이고, 우리의 삶은 이전보다 한결 편안해질 것입니다.

그렇게 사람에게서 편안해지고, 세상살이마저 내 편으로 만들 수 있기를 바랍니다.

악필 교정, 누구나 글씨를 잘 쓸 수 있다!
30일간의 글씨 연습

이해수 지음 | 사륙배판 136쪽 | 12,000원

글씨가 좋아지는 기초 요령을 익히는 시간 하루와, 그것을 내 글씨로 만드는 데 필요한 30일간의 연습을 한 권에 정리했다. 판독 불가인 악필도 30일이면 OK! 요령을 알면 누구나 글씨를 잘 쓸 수 있다.

속독 챔피언이 알려주는 1일 10분 속독법
당신도 지금보다
10배 빨리 책을 읽는다

쓰노다 가즈마사 지음 | 신국판 224쪽 | 13,800원

속독은 '읽으며 이해한다'에서 '보며 이해한다'로 읽기 방식이 바뀐다는 의미다. 책 한 권을 15분 만에 읽고, 속독 원리를 이해만 해도 책 읽기가 평소의 2배 이상 빨라진다. 더욱이 빨리 읽는다고 내용 이해도가 떨어지지도 않는다!

연애를 잘하려면 진심을 버려라!
미친 연애

최정 지음 | 신국판 288쪽 | 12,800원

연애를 잘하는 게 인생의 최고 목표였던 남자의 똑똑하게 연애하고 달콤하게 사랑받는 비결! 남녀 사이를 지배하는 연애의 법칙부터 상대의 마음을 사로잡는 연애 스킬, 나쁜 남자들의 진짜 속마음을 거침없이 들려준다.

예능 피디가 알려주는 재미있는 대화법 55
나도 말 좀 잘했으면 좋겠네

요시다 데루유키 지음 | 국판 240쪽 | 13,000원

회식, 업무 미팅, 동창회, 소개팅, 강연 등의 자리에서 '나는 왜 이렇게 말을 못할까?'라고 낙담한 적이 있는 이들에게 누구와도 대화가 즐거워지는 비결을 알려준다. 언제 어디서든 누구와 있든, 만점 분위기를 만드는 55가지 대화 법칙!

어깨결림, 두통, 요통, 다이어트, 위장 장애, 전신피로가 개선되고 키 2cm와 자신감은 덤!
새우등과 거북목은 낫는다!

오카다 가즈토 지음 | 국판 216쪽 | 13,000원

자세를 고치면 온몸이 낫는다! 새우등과 거북목, 일자목을 교정하는 스트레칭, 바른 자세, 근육과 관절 통증 대처 요령 등을 정리했다. 하루 5분 스트레칭으로 자세가 반듯해지고 몸의 온갖 문제가 해소되는 기적의 체형 교정법

월급쟁이가 부자의 운명으로 갈아타는 비결
부자 직장인 가난한 직장인

장홍탁 지음 | 신국판 272쪽 | 13,800원

직장을 다니며 평균 순자산 20억을 모으기까지, 그들이 전세를 전전하던 시절부터 '돈을 모으고 불린 속사정'과 재테크 초보자를 위한 목돈 마련, 투자 요령을 알려준다. 누구나 부자를 바라지만 극히 일부만 부자가 되는 이유!

사람이 가장 힘들었을 당신을 위한 관계 수업

사람에게서 편안해지는 심리학

초판 1쇄 발행일 | 2021년 2월 24일

지은이 | 미즈시마 히로코
옮긴이 | 김진연
펴낸이 | 이우희

일러스트 | the rocket gold star
디자인 | 디자인 엘비스

펴낸곳 | 도서출판 좋은날들
출판등록 | 제2011-000196호
등록일자 | 2010년 9월 9일
일원화공급처 | (주) 북새통
(03938) 서울시 마포구 월드컵로36길 18 902호
전화 | 02-338-0117 · **팩스** | 02-338-7160
이메일 | igooddays@naver.com

copyright ⓒ 좋은날들, 2021
ISBN 978-89-98625-42-9 03180